NSTRUCTION
SUR L'ÉTABLISSEMENT
DES NITRIÈRES

ET SUR LA

FABRICATION DU SALPÊTRE,

Publiée par ordre DU ROI.

Par les Régisseurs généraux des Poudres & Salpêtres.

A PARIS,
DE L'IMPRIMERIE ROYALE.

M. DCCLXXVII.

TABLE DES ARTICLES

Contenus dans cette Instruction.

INSTRUCTION

INSTRUCTION

SUR L'ÉTABLISSEMENT DES NITRIÈRES,
& sur la fabrication du Salpêtre.

ARTICLE PREMIER.

De la nature du Nitre ou Salpêtre.

AVANT d'entrer dans le détail des différens procédés qui ont été imaginés jusqu'ici pour produire artificiellement du Salpêtre, il convient de dire un mot de la nature & de la compofition de ce fel.

Le Nitre ou le Salpêtre, proprement dit, celui qui s'emploie dans la compofition de la poudre à canon, eft, d'après l'opinion aujourd'hui généralement adoptée, un fel moyen ou fel neutre, compofé d'un acide particulier, connu fous le nom d'*Acide nitreux*, & d'un alkali fixe, femblable à celui qu'on retire de prefque tous les végétaux par la combuftion. Les Chimiftes démontrent de la manière la plus palpable, l'exiftence de ces deux principes dans le Salpêtre; mais leurs connoiffances ne s'étendent pas beaucoup au-delà; ils connoiffent peu la nature & la compofition de l'alkali fixe, encore moins celle de l'acide nitreux; & M. Lavoifier paroît feulement avoir démontré, dans un Mémoire lû à l'Académie des Sciences,

A

& imprimé dans le recueil d'Obſervations ſur le Salpêtre que cette Compagnie vient de publier, que l'acide nitreux, l'acide conſtitutif du Salpêtre, contient une grande quantité d'air très-pur, dans un état de fixité & de combinaiſon: c'eſt ſans doute à cet air qui ſe dégage dans la détonation du Nitre, que ſont dûs en grande partie les terribles effets qui accompagnent l'inflammation de la poudre.

L'acide nitreux peut non-ſeulement ſe combiner avec un alkali fixe, & former de véritable Salpêtre; il peut encore s'unir avec toutes les terres calcaires & abſorbantes, telles que la craie, la baſe de l'alun, celle du ſel d'epſom & beaucoup d'autres; & il forme avec ces terres différentes eſpèces de Nitre à baſe terreuſe, qui, loin d'avoir la propriété de criſtalliſer comme le vrai Salpêtre, attirent l'humidité de l'air & s'y réſolvent en liqueur. Ces ſels, que les Salpêtriers & les Raffineurs de Salpêtre confondent ſous le nom générique d'*Eau-mère*, ne peuvent entrer dans la compoſition de la poudre; il l'altèreroient bientôt par la propriété qu'ils ont d'attirer l'humidité de l'air; de ſorte qu'une partie très-intéreſſante de l'art de faire de la poudre, conſiſte à purifier parfaitement le Salpêtre, & à le priver le mieux qu'il eſt poſſible de l'eau-mère ou des différens Salpêtres à baſe terreuſe qu'il peut contenir.

Il exiſte dans pluſieurs plantes, telles que le grand-ſoleil, la pariétaire, la bourache & beaucoup d'autres, lorſqu'elles ont crû dans un terrein ſalpêtré, une quantité ſenſible de Nitre; ce ſel le plus communément s'y trouve dans ſon état de perfection, c'eſt-à-dire, à baſe d'alkali fixe, par la raiſon que preſque toutes les plantes contiennent ou de l'alkali fixe ou des ſels à baſe d'alkali fixe propres à décompoſer l'eau-mère & à en précipiter la terre. Il n'en eſt pas de même du Salpêtre qui ſe forme dans les caves, dans les écuries ou ſous des hangars par des mélanges de matières animales & végétales qui ſe putréfient: preſque tout ce Salpêtre eſt à baſe terreuſe ou dans l'état d'eau-mère; c'eſt-à-dire, que l'acide nitreux, au lieu d'y être combiné avec un alkali fixe, s'y trouve uni avec une terre calcaire ou abſorbante.

La Chimie fournit un moyen ſimple de transformer en vrai Salpêtre, une quantité donnée d'eau-mère ou de Nitre à baſe terreuſe : il ſuffit de mêler avec ce dernier un alkali fixe quelconque; l'acide nitreux quitte auſſitôt la terre à laquelle il étoit uni pour ſe combiner avec l'alkali fixe ; en même-temps, la terre qui n'étoit ſoluble dans l'eau que par l'intermède de l'acide, ſe précipite & ſe raſſemble au fond du vaſe dans lequel ſe fait le mélange : ſi l'on fait enſuite évaporer l'eau ſurnageante, on en obtient de vrai Salpêtre. La terre qui a été précipitée dans cette combinaiſon, bien lavée & ſéchée, eſt connue dans le commerce ſous le nom de *Magnéſie.*

Les Salpêtriers font journellement cette même opération ſans s'en douter ; la cendre qu'ils mettent dans leurs cuveaux avec la terre qu'ils ſe propoſent de leſſiver, con-tient de l'alkali fixe ; cet alkali décompoſe l'eau-mère ou nitre à baſe terreuſe, & la convertit en vrai Salpêtre : mais comme en même-temps la cendre dont ils ſe ſervent eſt communément de mauvaiſe qualité, & qu'ils ne l'em-ploient point en quantité ſuffiſante, il leur reſte preſque toujours une quantité conſidérable d'eau-mère non dé-compoſée qui nuit à la qualité de leur Salpêtre. On verra dans la ſuite de cette Inſtruction, comment il faut procéder pour prévenir cet inconvénient.

ARTICLE II.

Principes généraux ſur la manière dont ſe produit le Salpêtre.

QUELQUES Auteurs ont penſé que le Nitre étoit l'ouvrage de la végétation, que ce ſel étoit tout formé dans

A ij

4

les plantes, qu'il paſſoit de-là dans les animaux qui s'en
nourriſſent, & que la putréfaction qu'on étoit obligé de
faire ſubir aux matières végétales & animales, pour en
obtenir le Salpêtre, n'étoit qu'un moyen de le dégager de
toutes les matières volatiles, graſſes, extractives, & autres
dans leſquelles il étoit enveloppé.

Si d'un côté cette opinion eſt appuyée ſur des argumens
très-forts, elle eſt combattue d'un autre, par des objections
très-ſolides; en effet, il paroît que les plantes ne contiennent
de Salpêtre qu'autant qu'elles ont crû dans un terrein qui
en étoit lui-même imprégné, ce qui ſemble donner à ce
ſel une origine indépendante de la végétation. Quoi qu'il
en ſoit, il paroît qu'en général on n'obtient de Salpêtre que
par la putréfaction & la décompoſition complette des
matières animales & végétales.

On conçoit, d'après cela, que tout ce qui peut tendre
à accélérer la putréfaction, tendra également à accélérer la
formation du Salpêtre.

On ſait qu'une des conditions ſans laquelle la putréfaction
ne peut avoir lieu, ou au moins ſans laquelle elle eſt
imparfaite & lente, eſt le concours d'un air libre; ainſi
toutes les fois qu'on parviendra à faire circuler l'air d'une
manière plus rapide dans une maſſe de terre qui contient
des matières végétales ou animales en fermentation, on
accélèrera la putréfaction &, par une ſuite néceſſaire, la
formation du Salpêtre.

On ſait encore que l'eau eſt un agent néceſſaire à
la putréfaction; que des matières abſolument sèches ne
fermentent ni ne s'altèrent : les terres où on veut former
du Salpêtre, doivent donc être préſervées d'une trop grande
ſéchereſſe; mais elles ne doivent pas non plus être trop
humectées, parce que l'eau qui viendroit alors à boucher
les pores de la terre, la rendroit inacceſſible à l'air.

Le but de cette inſtruction eſt donc de faire connoître

les moyens les plus propres à entretenir ou plutôt à accélérer la putréfaction des matières végétales & animales dans des maſſes de terre, d'indiquer les mélanges qui peuvent rendre les terres plus poreuſes, plus perméables, enfin d'enſeigner les meilleurs moyens poſſibles pour introduire de l'air dans de la terre, & pour y entretenir un degré d'humidité toujours à peu-près égal, & tel qu'il convient pour favoriſer la putréfaction.

ARTICLE III.

Des Moyens les plus économiques connus pour produire artificiellement du Salpêtre.

QUOIQUE, d'après ce qu'on vient d'expoſer, il paroiſſe aſſez probable que le Salpêtre n'eſt point un ſel naturel, & que tout celui que nous obtenons, ſe forme par des mélanges de matières animales ou végétales en putréfaction, nous donnerons cependant ici le nom de *Salpêtre naturel* à celui qui ſe forme ſans ſoin & ſans travail dans les caves, dans les celliers, dans les écuries, dans les granges, dans le voiſinage des foſſes d'aiſance, & en général dans preſque tous les lieux habités, & nous entendrons par *Salpêtre artificiel*, celui qu'on produit par des moyens dirigés vers cet objet; telles ſont les murailles de Pruſſe, les hangars & les couches de Suède, &c.

On n'a pas cru devoir détailler dans cette Inſtruction tous les différens moyens qui ont été imaginés en Allemagne, en Suiſſe, à Malte, en France même, pour produire artificiellement du Salpêtre; cet objet a été rempli par les Commiſſaires de l'Académie des Sciences, dans le recueil qu'ils viennent de publier. Le but au contraire qu'on s'eſt propoſé ici, a été de choiſir parmi les moyens connus, le meilleur, le plus économique, le plus simple, le mieux adapté au climat de ce royaume, d'en former une espèce de Traité élémentaire qui pût guider ceux qui voudroient faire des entreprises en ce genre, & qui les mît à portée de faire des établissemens utiles pour eux & pour l'État.

Les Auteurs qui semblent mériter le plus de confiance, réduisent à trois les moyens de produire artificiellement du Salpêtre; les fosses, les murailles & les hangars. Presque tous reconnoissent en même-temps que les fosses sont un moyen lent, que la putréfaction ne s'y achève qu'avec peine, & que l'air ne pouvant pénétrer à travers toute la masse des matières qu'elles contiennent, il ne s'y forme de Salpêtre qu'à la surface : les murs ont l'inconvénient d'être trop compacts, de se laisser difficilement pénétrer par l'air ; les arrosages d'ailleurs ne peuvent avoir lieu qu'à la surface, ils ne pénètrent pas dans l'intérieur; enfin les murs étant continuellement exposés à l'air, ils sont desséchés par l'ardeur du soleil en été, ils sont lavés par la pluie pendant l'automne & l'hiver, & les toits de paille dont on les couvre ne suffisent pas, quelque précaution que l'on prenne, pour les défendre des injures de l'air.

Ces difficultés doivent déterminer à donner aux hangars une préférence exclusive ; & c'est ce qui se trouve encore confirmé par l'exemple de la Suède, de l'Allemagne & de tous les pays où l'on produit artificiellement du Salpêtre : c'est, en conséquence, uniquement de cette méthode qu'on s'occupera dans cette instruction, & on s'attachera à faire voir comment elle peut s'appliquer, soit à des établissemens en grand, soit à des épreuves particulières & à la portée de tous les habitans de la campagne.

ARTICLE IV,

De l'emplacement & de la construction des Hangars dans un établissement en grand.

ON doit choisir pour l'établissement d'une Nitrière ou fabrique de Salpêtre en grand; premièrement, un lieu qui, dans aucun temps, ne puisse être inondé par le débordement des rivières & des ruisseaux.

Secondement, qui soit suffisamment en pente pour procurer aux eaux pluviales, un écoulement prompt & facile.

Troisièmement, qui soit assez à portée d'une rivière, d'un ruisseau ou de puits abondans, pour que le lessivage des terres salpêtrées puisse se faire commodément & ne soit point interrompu.

Quatrièmement, qui soit dans le voisinage d'une ville, d'un bourg ou d'un gros village, afin qu'on puisse composer le fond de la Nitrière de matières déjà salpêtrées, qu'on puisse se procurer facilement & en abondance pour les amendemens des matières végétales & animales de toute espèce, des excrémens, des fumiers, des cendres, des eaux de lessives ou buanderies, des urines, &c.

Cinquièmement enfin, où le bois de construction, & sur-tout celui à brûler, soit à bon compte.

Le choix du terrein fait, il sera question d'y construire des hangars; leur nombre doit être proportionné à la quantité de Salpêtre qu'on veut obtenir & à l'étendue qu'on veut donner à l'établissement: il est nécessaire de les construire à peu de distance les uns des autres & le plus près qu'il sera possible du bâtiment destiné à contenir le fourneau & la chaudière.

Quant à leur grandeur, elle doit être déterminée par la portée la plus ordinaire des bois de charpente, & on croit qu'à cet égard il pourroit y avoir de l'inconvénient de leur donner au-delà de trente pieds de large ; encore dans les provinces où il n'y a point de fapin pour la charpente, fera-t-on fouvent obligé, même à cette largeur, de faire les fommiers de deux pièces. La longueur du hangar eft encore plus arbitraire ; cependant comme il a fallu adopter des proportions quelconques, on a donné au hangar repréfenté dans la *planche première*, cent pieds de longueur.

Il eft difficile que le fervice d'une Nitrière exige moins de trois ou quatre ouvriers ; l'un d'eux fera fpécialement attaché aux opérations de la chaudière, tandis que les autres feront occupés du leffivage des terres, du rétabliffement des couches, des arrofages, &c.

Un feul hangar ne pourroit, à beaucoup près, fournir de quoi occuper ces ouvriers toute l'année, & on penfe que quatre ouvriers fuffiront pour conduire cinq ou fix hangars, fur les proportions qu'on vient d'indiquer. On peut juger par-là combien il y a d'avantage à former tout d'un coup un établiffement un peu confidérable, & que le bénéfice de l'entreprife fe multipliera dans une proportion beaucoup plus grande que l'augmentation de fonds qu'on fera obligé d'y mettre. Les calculs contenus dans l'*article XVI* de cette Inftruction, porteront cette vérité jufqu'à l'évidence.

Les hangars doivent être couverts en chaume ou en paille, fur-tout fi les établiffemens font faits à la campagne & dans des places ifolées où l'on n'ait point à craindre la communication du feu, en cas d'incendie. Il n'y a, au furplus, aucune raifon d'exclure ni la tuile ni même l'ardoife, dans les pays où ces manières de couvrir font à meilleur marché ; on doit feulement obferver, en général, que la paille & le chaume ont l'avantage de moins s'échauffer pendant l'été, de ménager dans l'intérieur du hangar une certaine fraîcheur favorable à la formation du Salpêtre, & de s'oppofer aux effets des gelées pendant l'hiver.

Les

9

Les flancs du hangar doivent être tournés, lorſque rien
ne s'y oppoſe, à l'expoſition du nord-eſt & du ſud-oueſt;
on les fermera comme il eſt repréſenté, *planche I.ʳᵉ*,
figure 1, avec des claies brutes *H, H, H, H,* aſſez ſerrées
ſeulement pour rompre les grands courans d'air; on couvrira ces claies en dedans de paillaſſons qui pourront être
hauſſés ou baiſſés au beſoin, pour empêcher le ſoleil ou
la pluie de pénétrer dans la Nitrière, & pour augmenter
ou diminuer à volonté le courant d'air qu'il convient
d'y entretenir.

Au lieu de fermer la Nitrière avec des claies garnies
de paillaſſons, on pourroit l'environner d'un mur de terre
mêlé de paille, de fumier, de bourre ou d'autres matières
végétales & animales, ſuſceptibles de décompoſition. Ces
murs ſe ſalpêtreroient avec le temps; on pourroit les leſſiver
& les reconſtruire, & il en réſulteroit une augmentation
dans la quantité de Salpêtre qu'on obtiendroit : mais,
d'un autre côté, cette conſtruction ſeroit un peu plus
diſpendieuſe dans la plupart des provinces, que celle en
claies, d'autant plus qu'il ſeroit en même temps néceſſaire de pratiquer des ouvertures, des fenêtres, & de les
garnir de volets, ou au moins de claies garnies de paillaſſons.
C'eſt, au ſurplus, à celui qui fait l'établiſſement d'une
Nitrière, à peſer les avantages & les inconvéniens de chaque
méthode, à conſulter ce qui convient le mieux au local
& au climat qu'il habite, enfin à calculer les frais de chaque
conſtruction.

Le deſſus des portes d'entrée & de ſortie devra être
garni de claies comme les flancs, ainſi qu'il eſt repréſenté
planche I.ʳᵉ, *figure 1.*

Lorſque les hangars ſeront conſtruits & couverts, on
en creuſera le ſol de deux pieds de profondeur dans
toute leur étendue : s'il ſe trouve de terre argileuſe ou
de terre franche, on ſe contentera d'en bien battre le

fond avec des maſſes ; s'il ſe trouvoit de ſable, de gravier ou de toute autre terre poreuſe, il ſeroit néceſſaire de le creuſer de ſix pouces de plus, & de remplir ces ſix pouces avec de la terre argileuſe, par la raiſon que les terres poreuſes ayant la propriété de s'imprégner facilement de Salpêtre, elles pourroient abſorber les arroſages ou dérober à la couche dont il va être queſtion dans un moment, une partie du Salpêtre à meſure qu'il ſeroit formé.

Lorſque tout aura été ainſi préparé, on creuſera tout autour de chaque hangar, un foſſé de deux à trois pieds de profondeur avec une pente ſuffiſante & un écoulement dans la partie la plus baſſe, afin d'éloigner les eaux le plus qu'il ſera poſſible de la Nitrière.

ARTICLE V.

Du choix des Terres.

LA terre, comme on l'a vu plus haut, n'eſt qu'un agent purement mécanique qui n'entre point dans la compoſition du Salpêtre, ou au moins qui n'entre pour rien dans celle de ſon acide. Auſſi toute terre eſt-elle, rigoureuſement parlant, propre à la formation du Salpêtre, pourvu qu'elle ne ſoit ni trop compacte ni trop ſableuſe ; trop compacte, elle ne ſe laiſſe pénétrer ni par l'eau ni par l'air ; trop ſableuſe, elle forme une eſpèce de filtre que l'eau traverſe ſans y reſter, & qui ſe deſſèche avec trop de facilité.

L'art peut à cet égard venir au ſecours de la Nature, & on peut, par des mélanges de terre graſſe & de terre maigre, de terre argileuſe & de terre ſableuſe, amener celle qu'on veut employer au degré convenable pour la formation du Salpêtre.

Dans le choix des terres, celles qui ſont déjà ſalpêtrées,

celles qui proviennent des écuries, des caves, des granges, des colombiers, des celliers, des ateliers de teinturiers, de tanneurs, de blanchisseuses, celles des vieilles masures, des débris de démolition, méritent la préférence sur toutes les autres.

A défaut de ces premières, on doit rechercher celles qui se trouvent naturellement mélangées de matières végétales & animales ; telles sont le terreau, la terre des couches de jardin, celle qui se trouve sous les fumiers, la terre noire des environs des villages, celle des chenevières, celle des prairies, & sur-tout celle des luzernes prise à quelques pouces au-dessous de la superficie, la terre des marais, celle des voieries, celle des cimetières abandonnés, le limon des mares, des lacs, des étangs, des marais, des fossés de châteaux ou de villes, les boues des rues, &c. Le mélange des matériaux nécessaires pour la formation du Salpêtre, se trouvant tout fait dans ces terres, elles sont préférables à des terres pures, & elles exigent une main-d'œuvre de moins.

Enfin les terres pures & non mélangées forment un troisième ordre de matières qui peuvent être employées avec succès à la formation du Salpêtre ; mais ces terres ne peuvent seules en produire comme les précédentes, & il faut nécessairement y ajouter des substances végétales & animales susceptibles de se putréfier. Parmi les terres pures, les terres & les pierres calcaires tendres occupent le premier rang, & le tuffau de Touraine sur-tout à cause de sa qualité poreuse : comme cette substance est assez dure, il est nécessaire de la concasser avant de l'employer & de la réduire en morceaux de la grosseur d'une noix tout au plus : les terres coquillères & la craie viennent ensuite ; enfin toutes les terres argileuses ou glaiseuses, de même que celles purement sableuses, sont à rejeter ; elles ne peuvent être employées qu'en petites proportions, comme mélange destiné à servir de correctif, & elles doivent l'être toujours avec

une addition de terre calcaire qui puiſſe ſervir de baſe à
l'acide nitreux.

Preſque toutes les terres, ſur-tout lorſqu'elles ſont convenablement mélangées, ſont donc propres à la formation
du Salpêtre ; mais le même traitement ne convient point à
toutes. Les terres des étables, des bergeries, des écuries,
toutes celles qui ont un commencement de nitrification,
& qui ſont déja-imbibées de ſucs végétaux & animaux, n'ont
beſoin que d'être expoſées à l'air pendant un certain temps
ſous des hangars, d'être remuées à la pelle de temps en
temps, ou d'être diſpoſées par couches comme on l'expliquera bientôt, enfin d'être arroſées, ſoit d'urine, ſoit même
d'eau pure afin d'empêcher une deſſication abſolue, pour
donner en peu de temps une quantité de Salpêtre très-
conſidérable : la putréfaction, qui n'étoit que commencée
dans ces terres, s'achève & ſe perfectionne, & la quantité
de Salpêtre croît en proportion.

Quant au terreau, aux terres de prés & autres de cette
eſpèce, elles ne contiennent pas toujours une aſſez grande
quantité de matières végétales & animales pour que le
Salpêtre s'y forme en peu de temps, & pour qu'on puiſſe
les leſſiver promptement & avec profit ; c'eſt alors qu'on
accélère la formation du Salpêtre dans ces terres par des
mélanges, par des arroſages & par un traitement méthodique ; ce traitement eſt encore plus eſſentiel relativement
aux terres abſolument neuves qui ne contiennent aucune
ſubſtance animale ou végétale, puiſque ces dernières ne
donneroient point de Salpêtre ſi elles étoient ſimplement
amaſſées ſous des hangars, & abandonnées à la Nature.

ARTICLE VI.

De la Disposition des Terres sous les Hangars.

TROIS objets principaux doivent fixer l'attention dans la disposition des terres sous les hangars ; premièrement, d'économiser le terrein le plus qu'il est possible ; secondement, de disposer les terres de manière que l'air puisse aisément pénétrer & circuler dans tout l'intérieur de la masse ; troisièmement, de faire en sorte qu'on puisse aisément faire pénétrer par-tout les arrosages, & répartir la quantité d'humidité convenable avec une très-grande égalité. On conçoit que le second de ces trois objets ne seroit pas rempli, si on se contentoit d'entasser, sans précaution sous un hangar, des terres propres à se salpêtrer : la superficie de ces terres se salpêtreroit sans doute jusqu'à huit, dix pouces ou un pied de profondeur, suivant que la terre seroit plus ou moins poreuse ; mais l'intérieur d'un semblable amas de terre n'ayant point de contact avec l'air, ne pourroit acquérir de Salpêtre que par communication, c'est-à-dire, très à la longue, & il s'en formeroit moins en dix ans, qu'on ne pourroit en former en deux par des méthodes mieux dirigées. Ces réflexions, auxquelles il seroit possible d'en ajouter beaucoup d'autres, suffiront pour faire sentir que c'est principalement dans la disposition des terres que consiste l'art de fabriquer le Salpêtre.

Quoique la méthode qu'on va décrire ne doive point être regardée comme un moyen exclusif, & qu'il soit possible d'en imaginer d'autres peut-être également propres à remplir le même objet, on croit au moins pouvoir assurer, avec confiance, qu'elle est préférable à tout ce qui s'est pratiqué jusqu'ici, & qu'elle aura le succès le plus complet dans une entreprise en grand.

On rassemblera d'abord dans le hangar, dont on veut

former une Nitrière, douze à quinze mille pieds cubes de terres choisies, autant qu'il sera possible, dans les deux premières classes ci-dessus désignées ; on y ajoutera à leur arrivée des fumiers pourris de chevaux, de mulets, de vache, de brebis, de poules, de pigeons, &c. des excrémens humains presque desséchés, des boues de rue, des plantes, des fruits de toute espèce, des feuilles d'arbres, du marc de raisin, des lies de vin, du tan, des balayures de maison, de caves, de granges & de greniers à foin, des cendres de toute espèce de bois, même de tourbes, les neuves, ainsi que celles qui ont déjà servi aux buanderies, &c. &c. Plus la putréfaction & la décomposition de ces matières sera avancée, plus elles seront propres à cet usage. On mêlera bien intimément toutes ces matières avec les terres, & on les arrosera en même-temps, si elles sont trop desséchées, avec des urines d'homme & d'animaux, avec des eaux de fumier, de mare croupies, ou avec de l'eau commune à défaut des précédentes.

Il est difficile de déterminer avec précision la proportion des mélanges de matières de toute espèce qu'on doit faire avec les terres ; cette proportion dépend de l'état des terres qu'on emploie ; &, comme on l'a déjà observé, il en est qui se trouvent naturellement mélangées d'une suffisante quantité de matières végétales ou animales, & qui n'ont besoin que d'être arrosées même avec de l'eau simple à mesure qu'elles se dessèchent, tandis que d'autres peuvent supporter un mélange d'un huitième en poids, & de plus d'un quart en volume de fumier, de plantes pourries & autres matières disposées à la putréfaction.

Lorsque ce premier mélange aura été fait, & que les matières auront eu le temps suffisant pour s'incorporer, on les disposera en couches de la manière suivante.

On remplira d'abord en entier, & sur toute la longueur & la largeur du hangar, avec de la terre mélangée, comme on vient de le dire, l'excavation de deux pieds de profondeur qui y aura été faite.

On tracera enfuite, ou plutôt on aura dû tracer d'avance dans le milieu de la Nitrière, un quarré long ou parallélogramme de dix-huit pieds de large environ fur quatre-vingt-huit pieds de longueur : ce parallélogramme laiffera des deux côtés un efpace vide de fix pieds entre lui & les côtés de la Nitrière ; de même, dans les deux bouts, il y aura fix pieds de diftance du petit côté du parallélogramme à chacune des portes.

Les lignes *BC* & *DE*, *planche I.ʳᵉ*, *figure 2*, déterminent la longueur du parallélogramme, & les lignes *BD* & *CE* en déterminent la largeur; on plantera à chacun des angles *B*, *C*, *D*, *E*, des poteaux de dix à douze pieds d'élévation hors terre, pour foutenir les terres : il fera bon d'en placer en outre quelques-uns dans la longueur des lignes *BC* & *DE*, pour le même objet; ces poteaux devront être inclinés plus ou moins vers l'intérieur de la couche, fuivant le talus qu'on jugera à propos de donner aux terres.

Les chofes ainfi difpofées, on placera fur le fol un rang de claies *m*, *m*, *m*, *m*, *(figure 3)* à la diftance d'environ fix pieds l'une de l'autre. Ces claies, dont une eft repréfentée féparément, *figure 4*, ont dix-huit pieds de longueur, c'eft-à-dire, autant que la couche a de largeur. On peut les faire d'autant de pièces qu'on le jugera à propos, fuivant la longueur des bois ; la coupe d'une de ces claies eft repréfentée *figure 5* ; chaque côté du triangle a un pied ou environ. Au lieu de les faire en triangle équilatéral comme celle repréfentée *figure 4*, on pourroit en augmenter la hauteur, fans en augmenter la bafe, & donner jufqu'à un pied & demi ou deux pieds à chacun des côtés.

On couvrira ces claies de dix-huit pouces environ de terre mélangée comme il a été expliqué plus haut; puis on pofera par deffus un fecond rang de claies *m*, *m*, *m*, *m*, également à six pieds de distance les unes des autres ; mais, en observant de les placer dans le milieu des intervalles que laissent entre elles les claies du rang inférieur, ainsi qu'il est exprimé dans la *figure 3*, & on continuera ainsi successivement, jusqu'à ce que la couche ait atteint une hauteur de dix, douze pieds & même davantage.

Il sera bon, en formant cette couche, de répandre irrégulièrement dans toute la masse, de la paille ou du fumier frais : chaque brins de paille forment autant de tuyaux qui distribuent les arrosages ; & même, quand ils sont pourris, le vide qu'ils laissent à la place qu'ils occupoient, remplit encore quelque temps le même office.

Une couche d'une aussi grande élévation ne pourroit se soutenir d'elle-même, & elle s'ébouleroit de toutes parts, si les côtés en étoient perpendiculaires ; il faudra leur donner une certaine inclinaison, & on a lieu de présumer qu'en donnant dix-huit pieds à la couche dans le bas, douze dans le haut, & dix à douze en hauteur, il en résultera un talus suffisant pour le maintien des terres. Ce talus, au surplus, doit varier en raison de la nature des matières, & il vaut mieux le faire plus considérable que moindre que celui qu'on indique ici. On donnera d'ailleurs à la couche une solidité suffisante, en établissant sur le bord de chaque lit de terre dans tout le pourtour, de la paille, du fumier peu consommé, des branchages d'arbres, de vieux morceaux de claies pourries qui auront été employées précédemment dans l'intérieur des couches détruites, &c.

La *figure 7* représente une coupe du hangar dans sa largeur, ainsi que l'intérieur de la couche *Gg, Ec*, garnie de claies *m, m, m, m, m*.

Dans le cas où la main-d'œuvre des claies paroîtroit trop chère, on pourroit y suppléer par le moyen de petits fagots qu'on ajusteroit les uns au bout des autres, & qu'on

distribueroit

diſtribueroit dans la maſſe de terre aux mêmes places que celles ci - deſſus indiquées pour les claies. On verra ſeulement dans la ſuite, qu'il en réſulteroit quelques inconvéniens, relativement à la facilité des arroſages.

ARTICLE VII.

Des Arroſages.

L'AMAS d'une quantité de liqueurs ſuffiſante pour entretenir la terre des Nitrières dans un degré d'humectation convenable, eſt un des points des plus importans & en même temps des plus difficiles à remplir. Toute liqueur putréfiée, ou ſuſceptible de ſe putréfier, eſt propre à cet uſage. Les urines d'hommes & d'animaux ſont préférables à toutes ; enſuite les eaux qui ont ſervi à leſſiver des fumiers : enfin on peut employer en arroſages les eaux de vaiſſelles, les égouts des rues des villes, la leſſive des blanchiſſeuſes ; cette dernière a l'avantage de contenir à la fois des matières animales diſpoſées à la fermentation, & de plus un alkali fixe propre à donner une baſe à l'acide nitreux, & à transformer en Salpêtre l'eau-mère ou le Nitre à baſe terreuſe, à meſure qu'il eſt formé.

Il n'eſt pas difficile, ſur-tout dans les environs des villes & bourgs, de raſſembler à peu de frais une aſſez grande quantité d'urine humaine. Les maiſons publiques, les hôpitaux, les couvens, les colléges, les maiſons de force, les ſpectacles, les corps-de-garde, les cabarets, ſont des magaſins naturels qui peuvent fournir amplement au beſoin d'une Nitrière : il ne ſera pas beaucoup plus difficile, ſoit à la ville, ſoit à la campagne, de raſſembler, ſi on le juge à propos, celle des animaux ; il ſuffira de donner aux écuries ou aux étables une pente ſuffiſante, d'y former un ruiſſeau qui raſſemble les urines, & qui les conduiſe dans des tonneaux défoncés, enterrés en dehors de l'étable ou de l'écurie : ces tonneaux doivent être couverts de planches qui les garantissent de la pluie. Pour peu qu'on attache de valeur à cette matière, les habitans de la campagne s'empresseront d'en rassembler, & on sera amplement dédommagé du prix qu'elle coûtera, par l'augmentation de produit en Salpêtre qu'on obtiendra. A défaut d'urine, on peut employer de la lessive de fumier & d'immondices de toutes espèces, & il est aisé à cet égard de former dans la Nitrière, ou aux environs, un établissement peu coûteux, qui ne la laisse jamais au dépourvu.

On aura pour cet effet une grande cuve *A A, planche III, figure 5;* ou même, si l'on veut en faire l'avance, un grand réservoir de bois doublé de plomb laminé qu'on emplira jusqu'à moitié, jusqu'aux deux tiers ou même davantage, suivant l'état des matières, de fumier pourri & consommé, de fiente d'animaux quelconques, de mouton sur-tout, & de toutes sortes d'immondices. Cette cuve porte à sa partie supérieure une traverse *T T,* qui coule dans deux oreilles *n, n;* cette traverse principale reçoit différentes barres de bois *t t, t t, t t,* qu'on peut ôter à volonté : toutes ces traverses ou barres sont destinées à maintenir le fumier, & à empêcher qu'il ne s'élève hors de la cuve. Lorsque le fumier aura été ainsi assujetti, on remplira la cuve d'eau : au bout de quelques jours le fumier se gonflera, la liqueur contenue dans la cuve acquerra de la chaleur, & lorsqu'on jugera qu'elle est suffisamment chargée, on la videra par le robinet ou champleure *C,* dans le réservoir *D D.* On accélèrera de beaucoup l'opération, & on opérera une décomposition plus complette des matières animales & végétales, en jetant dans la cuve quelques brouettées de chaux vive, plus ou moins suivant sa grandeur.

La liqueur dans cet état n'est pas encore aussi propre qu'elle le peut être à la fertilisation des terres à Salpêtre ;

il faut, pour qu'elle produife tout l'effet qu'on peut en attendre, qu'elle ait fermenté pendant un certain temps, & qu'elle ait pris un certain degré de putréfaction : à cet effet, on doit la tranfporter du réfervoir *D D*, dans les cuves ou tonneaux *i, i, i, i, i, i, planche I, figures 2 & 3*, l'y laiffer féjourner & fermenter jufqu'au moment où il fera néceffaire de l'employer.

Le même fumier peut fervir plufieurs fois pour cette opération, c'eft-à-dire qu'après avoir rempli la cuve une première fois d'eau, on peut l'emplir une feconde & même une troifième, en ajoutant feulement un peu de nouvelle chaux ; lorfqu'enfuite on juge que le fumier eft prêt d'être épuifé, on le retire de la cuve *A A, planche III, figure 5*, & on l'emploie comme mélange en concurrence avec celui qui fort des foffes à putréfaction dont il fera queftion, *article XV*, pour entrer dans la compofition des nouvelles couches.

On peut remplir en partie le même objet d'une manière encore plus fimple, moins difpendieufe, mais en même temps moins avantageufe. On élève le long d'un mur, ou mieux encore dans l'angle de deux murs, un grand tas de fumier ; on pratique au pied une pente & un ruiffeau, lequel va aboutir à un ou plufieurs tonneaux défoncés par en haut & enfévelis dans la terre. Toutes les fois qu'on veut avoir de la leffive de fumier, on fait jeter quelques feaux ou quelques muids d'eau fur le tas ; elle traverfe le fumier, fe charge de fa partie extractive, & va fe rendre enfuite dans les tonneaux deftinés à la recevoir.

L'opération des arrofages étant celle dont dépend principalement le fuccès des Nitrières, on conçoit qu'on n'en doit confier le foin qu'à des mains difcrettes & fûres : on doit veiller avec la même attention, à ce que les paillaffons qui recouvrent les claies d'enceintes, foient levés ou baiffés à propos.

Quant à la proportion des arrofages, quant aux époques auxquelles il convient de les faire, c'eft fur quoi il eft impoffible de rien prefcrire de très-précis. En général, ils doivent être plus fréquens qu'abondans, afin que la terre foit toujours entretenue, autant qu'il eft poffible, au même degré d'humectation : trop d'humidité, comme on l'a déjà dit, eft autant & peut-être plus nuifible à la production du Salpêtre, que trop de féchereffe ; il ne faut pas que la terre foit mouillée, encore moins détrempée & dans un état de mortier ; il faut feulement qu'elle foit dans un état de fraîcheur & d'humidité ; de manière, par exemple, qu'en la preffant dans la main, elle foit dans un état moyen entre la terre qui fe pétrit & celle qui s'émiette.

On ne rifque rien d'employer, pendant les quatre ou fix premiers mois, pour les arrofages, de l'urine pure, fi on en a une quantité fuffifante, ou de l'eau de fumier très-chargée ; mais cette époque paffée, on doit commencer à couper les urines avec de l'eau, & employer des eaux de fumiers moins fortes ; enfin, à mefure qu'on approche du temps du leffivage, les eaux d'arrofages doivent s'affoiblir, & on ne doit plus arrofer, pendant les quatre ou fix derniers mois, qu'avec de l'eau fimple : dans le cas où l'on n'auroit pas des urines en abondance, on peut les couper, dès le commencement, avec moitié ou trois quarts d'eau.

Telle eft la marche qu'on doit fuivre pour arriver au réfultat le plus avantageux ; cependant, fi on fe trouvoit dans des circonftances où il fût impoffible de fe procurer des urines, qu'on ne pût même obtenir que difficilement & à grands frais des eaux de fumiers, de mares, d'immondices, &c. on ne devroit pas encore perdre toute efpérance : une couche de terre préparée, comme on l'a expofé précédemment, mélangée d'une fuffifante quantité de matières végétales & animales difpofées à la putréfaction, arrofée même avec de l'eau pure, peut fournir encore une très-grande quantité de Salpêtre.

Il ne refte plus, pour terminer ce qu'on s'eft propofé de dire fur les arrofages, qu'à donner une méthode pour les faire avec facilité, & pour les répartir avec égalité dans toute la maffe.

On aura un entonnoir de cuivre *S,* (*planche Ire,* *figure 9*) lequel pourra contenir jufqu'à quatre pintes de liqueur ; la douille de cet entonnoir fe prolongera en un long tuyau *R t n x y,* courbé à angle droit, & de fept pieds de longueur de *R* en *y;* enfin, ce même entonnoir aura un robinet *R,* qu'on pourra fermer & ouvrir à volonté.

Lorfqu'on voudra faire un arrofage, un premier Ouvrier introduira le tuyau *R t n x y,* dans une des ouvertures des claies *m, m, m, figure 3;* en même temps un fecond Ouvrier verfera avec un broc ou un autre vaiffeau quelconque, deux, trois ou quatre pintes de liqueur dans l'arrofoir *S;* cette quantité fera déterminée par des marques qui feront faites intérieurement dans l'entonnoir : lorfque la dofe de liqueur aura été verfée dans l'entonnoir, le premier ouvrier tournera le robinet pour la laiffer écouler ; en même temps il retirera lentement le tuyau, afin de répartir la liqueur également dans toute la longueur de l'ouverture *m m, figure 4:* on pourroit remplir le même objet avec un tuyau ou chencau de bois, lequel feroit ouvert d'un côté & fermé de l'autre, & dans lequel on verferoit la liqueur par le moyen d'une efpèce d'entonnoir, commé on le voit repréfenté *figure 8.*

Les arrofages ne doivent fe faire qu'à compter du troifième, ou tout au plus du fecond rang de claies, en comptant par en bas ; on conçoit que lé tuyau de l'entonnoir ayant fept pieds de longueur, il portera la liqueur jufque dans le milieu de la maffe, & qu'en répétant la même opération par l'autre côté, il n'y aura point d'endroit qui ne soit arrosé.

Le deſſus de la couche ne pouvant être humecté de la même manière, on ſe contentera d'y répandre la liqueur avec des arroſoirs de jardin ordinaires, & les ouvriers auront à cet effet des échelles ou eſpèces de marchepieds pour s'élever à une hauteur ſuffiſante.

Pendant les gelées de l'hiver, on fermera le hangar le mieux qu'il ſera poſſible, & on ſuſpendra toute opération.

Il a pu paroître extraordinaire que dans les deſcriptions qui précèdent, on n'ait donné que dix-huit pieds de largeur à la couche, tandis qu'il paroîtroit poſſible de lui donner des dimenſions preſque égales à celle du hangar: la commodité des arroſages a déterminé ces proportions; en effet, on a vu que la queue de l'entonnoir, pour porter la liqueur juſqu'au milieu de la maſſe de terre, devoit avoir ſept pieds au moins; on ne pourroit donc ſortir & rentrer cet entonnoir s'il ne ſe trouvoit entre la couche & les claies qui forment la clôture, un eſpace également de ſept pieds.

Peut-être dans des provinces, dont le climat ne ſeroit pas très-ſec, ſeroit-il poſſible de laiſſer les hangars ouverts de toutes parts : alors on auroit tout le jeu néceſſaire pour l'entrée & la ſortie de l'entonnoir; & on pourroit, dans un hangar de trente pieds de large, former une couche au moins de vingt-quatre.

Un autre moyen de gagner du terrein ſans perdre beaucoup de la facilité de l'arroſage, ſeroit de compoſer la tige $Rnxy$ de l'entonnoir de tuyaux rentrant les uns dans les autres, comme les tuyaux d'une lunette. La *figure 9* peut donner une idée de ce mécaniſme; on voit le tuyau Ry compoſé de trois parties tn, nx, xy, leſquelles ſont ſuſceptibles de couler les unes ſur les autres; de ſorte que la longueur de l'inſtrument peut ſe réduire à celle Ry, *figure 10 : b b, figure 9 ;* & *b, figure 10,* indiquent les deux boutons qu'on prend en main quand on veut raccourcir ou alonger les tuyaux. Les *figures 11* & *12* repréfentent l'intérieur de ces tuyaux; elles expriment la manière dont ils font ajuftés les uns avec les autres, & comment ils ont un point de repos qui les empêche de fe défunir. Au moyen d'un entonnoir conftruit fur ces principes, on pourroit donner jufqu'à vingt-quatre pieds à la bafe de la couche; elle en auroit environ vingt-deux à l'endroit où commenceroient les arrofages ; & avec un entonnoir de quatre pieds de tige, comme celui repréfenté *figure 10,* & deux tuyaux de trois pieds & demi chacun, rentrant fur le premier, on porteroit aifément les arrofages jufqu'au centre de la couche : au furplus, on le répète, c'eft à l'ufage à apprendre fi la première méthode, celle repréfcntée dans la *figure 8,* eft préférable à cette dernière, & fi la plus grande fimplicité & la plus grande facilité des manœuvres, eft un avantage affez grand pour compenfer l'inconvénient d'une perte de terrein affez confidérable.

Ces différentes manières d'arrofer ne font praticables que dans la fuppofition de l'ufage des claies triangulaires *m, m, m, m, figures 3, 4 & 5, planche Ire ;* dans le cas où l'on croiroit plus à propos d'y fubftituer, ainfi qu'on l'a propofé à la fin de l'article précédent, de petits fagots placés les uns au bout des autres, & difpofés de manière à établir une circulation d'air dans toute la maffe deftinée à fe falpêtrer, il feroit néceffaire de faire des changemens affez confidérables, foit dans l'arrangement des terres, foit dans la manière de les arrofer. Les couches, dans cette fuppofition, ne devroient pas être élevées au-delà de fix à fept pieds en hauteur; il faudroit fe contenter de les arrofer par-deffus avec des arrofoirs de jardin, d'en entretenir la furface fupérieure toujours meuble, en la ratiffant de temps en temps avec des rateaux à dents de fer, afin

que les arrosages y pénétraffent mieux : enfin on ne pourroit
guère fe difpenfer de remuer ces terres à la pelle, une
fois tous les fix ou huit mois, c'eft-à-dire deux fois au
moins pendant l'intervalle d'un leffivage à l'autre, en obfervant de mettre par-deffus la portion qui étoit par-deffous.

A R T I C L E   V I I I.

*Des moyens de fimplifier les opérations relatives à la
fabrication du Salpêtre, & de les mettre à la portée
de tous les habitans des villes & des campagnes.*

Il ne faut pas croire que les méthodes qu'on vient de
décrire, ne puiffent avoir d'application qu'à des fabriques
en grand; tout particulier au contraire, pour peu qu'il ait
un coin de hangar, de grange, d'écurie ou de bergerie,
pour peu qu'il puiffe fe ménager un appentis, un endroit
quelconque à l'abri des pluies & acceffible à l'air, peut
y amaffer des terres; & en les abandonnant prefque à la
Nature, il retirera fans foins & fans dépenfe une récolte en
falpêtre, proportionné à l'amas de terre qu'il aura formé.

On peut appliquer à ces établiffemens particuliers, tout
ce qui a été dit plus haut pour le choix des terres; c'eft-à-
dire qu'on doit s'attacher de préférence à celles qui font
déjà falpêtrées, ou qui font difpofées à le devenir, & fur-
tout aux plus meubles & aux plus légères. On ajoutera à
ces terres, fi elles ne font pas fuffifamment mélangées par
elles-mêmes, toutes les matières végétales & animales
qu'on pourra trouver fous fa main; on y mêlera en outre
de la paille ou du fumier nouveau, & on les élevera ainfi
à la pelle, fans les taffer, jufqu'à la hauteur de deux ou
trois pieds. On pourra augmenter la hauteur de ces tas &
leur donner jufqu'à cinq à fix pieds d'épaiffeur, en plaçant
dans leur intérieur de petits fagots, tels qu'ils ont été décrits

précédemment

précédemment, & en les difposant de manière à former
à l'air des canaux de circulation qui aboutiffent, foit à la
furface fupérieure, foit à celles latérales de la couche. Ces
amas de terre ainfi difpofés, doivent fervir de réceptacle
à toutes les immondices de la maifon ; on y jettera les
balayures, les épluchures, les os d'animaux, leurs excrémens, les fumiers, les matières pourries & gâtées, les
cendres, les urines, les eaux de fumiers, les lavures de
toute efpèce, &c. Ces matières cependant, comme on l'a
déjà indiqué, ne doivent point être employées en trop
grande abondance ; les arrofages fur-tout doivent être
ménagés avec intelligence, & l'on ne doit pas perdre de
vue que leur objet eft uniquement d'entretenir la terre
moíte ou fraîche.

Au bout de quinze ou dix-huit mois, ou plus généralement encore, huit mois ou un an avant de leffiver
les terres, il faut ceffer toute addition de matière animale
ou végétale ; fi l'on s'aperçoit que la terre fe deffèche trop,
il fuffit de l'arrofer alors avec de l'eau pure, même en très-
petite quantité.

Pour faire mieux encore & pour accélérer davantage la
production du falpêtre, il fera très-avantageux de remuer
trois à quatre fois l'année, la terre à la pelle, en obfervant
de mettre par-deffus ce qui étoit par-deffous, & de mêler
avec la terre de la paille nouvelle & du fumier récent :
cette opération a l'avantage de renouveler les furfaces
expofées à l'air, & fur-tout de rendre la terre plus meuble
& plus pénétrable par l'air & par l'eau : fouvent, au bout
de quelque temps, la terre fe tape à fa furface, & ne laiffe
plus pénétrer les arrofages ; il eft alors néceffaire de la
ratiffer avec un rateau de fer dont les dents aient deux à
trois pouces, même davantage.

On pratique encore en Suède une méthode très-fimple
pour fabriquer du Salpêtre, & on croit devoir en dire un

mot avant de terminèr cet article : on conftruit des couches pyramidales de terre *D*, *E*, *F*, *planche IV, figure 5*, compofées des mêmes terres & des mêmes mélanges que ceux indiqués dans l'article précédent ; on prolonge ces couches auffi loin qu'on le juge à propos & que le terrein le permet. Pour défendre ces terres des injures de l'air, & empêcher que la pluie n'en diffolve le Salpêtre à mefure qu'il fe forme, on les couvre d'une efpèce de toit compofé de deux perches *A B*, *B C*, de dix-huit à vingt pieds de longueur, arcboutées l'une contre l'autre & maintenues par une traverfe *H I*, le tout lié & arrêté avec des harts de faule ou d'ofier ; ces perches s'enfoncent de fix ou huit pouces dans la terre, & on place de pareils affemblages à dix-huit pouces ou deux pieds de diftance les uns des autres : l'intervalle de ces perches, ou plutôt de ces affemblages de perches, fe remplit avec des gaulettes ou des branchages d'arbres, & le tout fe recouvre avec des bruyères, des feuillages, & en général avec tout ce qui peut être propre à empêcher l'eau de pénétrer dans l'intérieur.

Ces couches demandent à être traitées & arrofées comme les précédentes ; quelque temps après qu'elles ont été formées, le Salpêtre fe montre à la furface, & quand elles font en plein rapport, on ratiffe, à peu de jours de diftance, un demi-pouce ou un pouce de la terre qui fe préfente par-deffus, & on la leffive : on répète la même opération jufqu'à ce que la couche ne donne plus d'indice de Salpêtre à fa furface ; alors on leffive toute la maffe de terre reftant, laquelle fournit encore une affez bonne quantité de Salpêtre.

M. le Ray de Chaumont a imaginé, dans des établiffemens de ce genre qu'il a faits en Touraine, un moyen très-fimple & très-ingénieux pour faire commodément les arrofages.

On a de grands pots *E G*, d'une terre cuite poreufe ;

ces pots ont fix à huit pouces de diamètre & trois à quatre pieds de profondeur ; on les enterre dans le haut de la couche jufqu'à un pouce environ de leur bord fupérieur ; on les emplit d'eau, d'urine, d'égout de fumier, d'eau-mère de nitre étendue foit avec de l'eau, foit avec quelques-unes des liqueurs précédentes : infenfiblement la liqueur pénètre à travers les pores du pot, & fe répand dans toute la maffe de terre. Peu-à-peu les pots fe vident, & on les remplit toutes les fois que l'état des terres le fait juger néceffaire.

On peut encore appliquer à ces couches le moyen qu'on a propofé plus haut, pour faire pénétrer de l'air dans leur intérieur : on peut faire régner dans toute leur longueur, une claie triangulaire *l, m, n, planche IV, figure 5*, d'un pied & demi ou deux pieds de hauteur, qui multiplie les furfaces & procure à l'air des contacts plus multipliés.

Les particuliers qui fe feront livrés à ce genre d'in-duftrie, pourront ou fe charger de faire eux - mêmes l'extraction du Salpêtre, ou s'ils craignent cet embarras, vendre à un Salpêtrier le droit de leffiver leur terre, comme on vend la dépouille d'une vigne ; par ce moyen, les balayures des maifons, les immondices & une infinité de matières qui font aujourd'hui perdues, tourneront au profit de la fociété.

ARTICLE IX.

Du Leffivage des Terres.

CE n'eft pas affez d'avoir produit du Salpêtre ; il faut le féparer de la terre dans laquelle il s'eft formé : or la terre étant infoluble dans l'eau, tandis que le Salpêtre s'y diffout, même à froid, avec beaucoup de facilité, il réfulte de ces deux propriétés oppofées un moyen fimple de faire le départ de ces fubftances & d'obtenir le Salpêtre feul : c'eft cette opération qu'on appelle *leffive, lexiviation, leffivage, lavage de terres*, toutes expreffions fynonymes & qu'on emploîra ici comme telles. La méthode qu'on fuit à cet égard, eft tellement uniforme dans toutes les parties de l'Europe, qu'il y a tout lieu de croire qu'elle eft bonne en elle-même, & qu'elle n'eft pas fufceptible de changemens importans; cependant, d'un autre côté, lorfqu'on confidère que la plupart des Salpêtriers mènent une vie toujours errante, qu'ils parcourent fucceffivement une étendue de terrein fort confidérable, des provinces entières, pour trouver des matières falpêtrées, on pourroit être porté à penfer que la méthode dont ils fe fervent tient à leur manière de vivre, qu'elle eft plutôt adaptée aux befoins d'une fabrique ambulante, qu'à ceux d'une fabrique fédentaire, & il feroit poffible que fous ce point de vue elle fût fufceptible de quelques modifications.

Ces réflexions ont conduit à des recherches fur ce qui fe pratique dans l'Inde pour le leffivage des terres, & on a lieu de croire, d'après les renfeignemens qu'on s'eft procurés, qu'on y emploie en effet une méthode très-différente de celle d'Europe, & qui peut-être convient mieux à un travail fédentaire & fur-tout à une fabrique en grand.

On va rendre compte fucceffivement de ces deux méthodes, fans ofer prononcer en faveur ni de l'une ni de l'autre; celle d'Europe a l'avantage de la fimplicité & de n'exiger prefqu'aucune avance; celle de l'Inde, au contraire, entraîne une conftruction difpendieufe, un entretien, des réparations : c'eft à chaque particulier à pefer ces avantages & ces inconvéniens.

SECTION PREMIÈRE.

De la manière de leffiver les Terres en Europe.

LES Salpêtriers fe fervent communément, pour le leffivage des terres, de tonneaux *T, T, planche II, figures 2,*

3, 4, 5 & 6, de contenance de demi-queue, jauge de Bourgogne, & défoncés par un bout : des vaiſſeaux d'un plus grand volume ſeroient embarraſſans à remuer, & on éprouveroit beaucoup de difficultés pour en ôter la terre, lorſqu'elle a été leſſivée.

Ils élèvent ces tonneaux environ à deux pieds & demi du ſol de l'atèlier, en les plaçant ſur des traiteaux ou eſpèces de bancs *b b,* & ils placent entre deux une recette commune *R,* deſtinée à recevoir la liqueur qui doit s'en écouler.

Ces tonneaux ou cuveaux ſont percés dans le bas à peu de diſtance du fond, & quelquefois même par-deſſous, d'un trou *C, C, figures 2, 3 & 4,* de ſix à huit lignes de diamètre, dans lequel on introduit une piſſote ou champleure de bois, qu'on bouche avec une cheville ; à défaut de piſſote de bois, les Salpêtriers de Paris ſe ſervent communément d'un os de pied de mouton, caſſé par un bout près de l'articulation, & qui eſt retenu par la tête même de l'os qui ſe trouve trop groſſe pour pouvoir paſſer par le trou. Le bout caſſé de l'os, ſort en dehors du tonneau, & on le bouche, comme la piſſote, avec une cheville de bois. Cette méthode eſt moins bonne que la précédente, par la raiſon que l'os de pied de mouton n'étant pas parfaitement rond, il ne ferme pas exactement l'ouverture, & qu'il eſt très-eſſentiel, comme on le dira bientôt, de pouvoir retenir l'eau dans le cuveau auſſi long-temps qu'on le juge à propos.

La terre & la cendre, ſi elles étoient jetées immédiatement ſur le trou, ne manqueroient pas de le boucher & d'empêcher la filtration de l'eau, & on a imaginé différens moyens pour remédier à cet inconvénient : les uns ſe contentent de placer ſur le trou, un tampon de paille qui s'engage ſous un ou deux taſſeaux de bois qui le maintiennent ; les autres le recouvrent avec une écuelle ou febile de bois percée ; ils répandent un peu de paille fur l'écuelle & jettent la terre ou la cendre par-deffus. Quelques-uns placent en travers au fond du tonneau, au-devant du trou, une douve, & ils rempliffent l'intervalle qui fe trouve entre la douve & les parois du tonneau, de pierres ou petits gravois : d'autres enfin ajoutent au tonneau un double fond percé de trous ; ils le foutiennent à une diftance convenable du véritable fond, par le moyen de trois taffeaux de bois, & ils mettent entre les deux fonds & par-deffus le faux-fond, de la paille fraîche ; de toutes ces méthodes, cette dernière eft la meilleure & la plus propre à favorifer l'écoulement des eaux.

Lorfque les chofes font ainfi préparées, on jette dans le cuveau un quart, un tiers, & quelquefois jufqu'à moitié de cendre, fuivant fa qualité *, & on achève de le remplir, foit avec de la terre, foit avec des pierres ou platras falpêtrés. Dans ce dernier cas, c'eft-à-dire dans celui où les matières qu'on doit leffiver font d'une certaine dureté, il eft néceffaire de les concaffer préalablement, de les réduire en morceaux de la groffeur de noifettes, ou de petites noix tout au plus, & de les paffer à la claie. Lorfque c'eft de la terre qu'on emploie, il faut avoir foin qu'elle foit affez meuble pour laiffer écouler l'eau ; pour peu qu'elle fût taffée ou comprimée, la filtration ne pourroit plus avoir lieu ; enfin lorfque chaque cuveau eft rempli de terre, il eft néceffaire de former à fa furface une efpèce de baffin creux pour contenir l'eau.

Lorfque les cuveaux font ainfi remplis, on y verfe de l'eau ; il eft très-effentiel de laiffer la piffote bouchée

---

* Cette quantité de cendres, quoique très-confidérable, eft encore le plus fouvent infuffifante. On donnera ci-après, dans l'article intitulé *de l'ufage de la Potaffe dans la fabrication du Salpêtre*, les moyens de fuppléer à la cendre, en y fubftituant une matière alkaline moins embarraffante, très-commune & à bon marché.

pendant les premières heures : il arrive souvent, à défaut de cette précaution, que l'eau se fraye une ou plusieurs issues à travers la cendre, & qu'elle la traverse sans la lessiver ni même l'humecter dans toutes ses parties. Le même inconvénient a lieu du plus au moins pour la terre & pour les platras ; & ces derniers d'ailleurs étant en morceaux plus ou moins gros, l'eau, lorsqu'elle passe trop rapidement, ne dissout que les sels qui se présentent à la surface des platras, & laisse ceux qui sont placés plus avant dans l'intérieur. Lorsqu'on juge que l'eau a eu tout le temps pour dissoudre les sels, on retire la cheville, & la liqueur coule dans le baquet ou recette *R*, *planche II*, *figures 2, 3, 4, 5 & 6.*

Les Salpêtriers ont un certain nombre de cuveaux & recettes, semblables à ceux qu'on vient de décrire ; le nombre est ordinairement de trente-six à Paris, pour une fabrique dans laquelle on fait vingt-quatre à trente milliers de Salpêtre ; & ils ont coutume de les diviser, ce qu'ils appellent en trois bandes de douze chacune.

Dans un atelier qui est en cours d'opération, une première bande contient des terres neuves, c'est-à-dire qui sont lessivées pour la première fois. Une seconde bande contient des terres qui ont déjà été lessivées une fois, & qui le sont pour la seconde ; enfin une troisième bande contient des terres qui ont déjà été lessivées deux fois, & qui le sont pour la troisième.

Les eaux qui ont passé par les cuviers qui composent la troisième bande, c'est-à-dire sur les terres qui ont été déjà lessivées deux fois, se nomment *lavage ;* on les fait repasser par les cuviers de la seconde bande, c'est-à-dire sur des terres qui n'ont été lessivées qu'une fois, & alors elles deviennent ce qu'on nomme *petites eaux.*

Quand les petites eaux ont passé par les cuviers de la première bande, c'est-à-dire sur des terres neuves, elles deviennent ce qu'on nomme *eaux fortes;* enfin pendant que les eaux fortes fe filtrent, on décharge les cuveaux de la troifième bande, on les remplit de terres neuves & de nouvelles cendres, & on y fait repaffer les eaux fortes; ces dernières fe chargent de plus en plus de Salpêtre, & deviennent ce qu'on nomme *eaux de cuite;* alors elles font prêtes à paffer à la chaudière pour être évaporées. On perdroit un temps confidérable fi on attendoit, pour porter les eaux fur une bande de cuveaux, qu'elles euffent fini de paffer fur la précédente; il faut avoir foin de les verfer de l'une à l'autre, à mefure qu'elles coulent dans les recettes; par ce moyen, les trente-fix cuveaux fe trouvent leffivées prefqu'en même temps. On conçoit que par cette manière de procéder, les mêmes cuveaux qui formoient d'abord première bande, deviennent enfuite feconde, puis troifième; que les terres ne font jamais retirées des cuveaux, qu'après avoir été leffivées trois fois: qu'enfin avec trois bandes, on fait réellement le fervice de quatre.

Chaque jour dans un atelier garni de trente-fix cuveaux, on doit employer au moins huit demi-queues d'eau nouvelle, & il doit en réfulter environ deux demi-queues de cuite: tout le refte de l'eau demeure dans les terres, d'où l'on peut juger, quelque précaution que l'on prenne, qu'il y refte néceffairement beaucoup de Salpêtre.

En général, la quantité d'eau douce néceffaire pour le premier leffivage, doit être d'un demi-pied cube environ, ou de dix-huit pintes, mefure de Paris, par chaque pied cube de terre. Quand les terres font peu chargées de Salpêtre, on peut fans inconvénient diminuer cette quantité, & la réduire à douze à quinze pintes par pied cube.

La méthode de leffiver qu'on vient de décrire, eft à peu-près celle des Salpêtriers de Paris; on en a feulement écarté quelques pratiques peu importantes qui paroiffent tenir à la routine & qui ne font nullement fondées en raifon.

raifon ; tel eft, par exemple, l'ufage où font les Salpêtriers d'enlever, avant de faire le relavage des terres, environ deux hottées de terre du haut du cuveau, & de la remplacer par de la terre neuve. Cette opération qu'on nomme *le razage*, n'a point d'objet ; elle ne fert qu'à enforcir le relavage, ce qui eft directement contraire aux vrais principes du leffivage, ainfi qu'on en fera plus convaincu encore par la lecture de l'article qui va fuivre. Cette méthode, au furplus, n'eft bonne qu'autant qu'il eft queftion de traiter des terres fort riches en Salpêtre ; mais dans le cas, au contraire, où l'on n'a que des terres pauvres à traiter, il y a de l'avantage à divifer les cuveaux en un plus grand nombre de bandes, & à faire paffer les eaux fortes fucceffivement fur un plus grand nombre de cuveaux remplis de terres neuves : on parvient de cette manière à obtenir des eaux beaucoup plus chargées de Salpêtre & à confommer moins de bois. On donnera, *art. XI* de cette Inftruction un moyen fimple, non-feulement pour reconnoître fi les eaux de cuite font fuffifamment chargées de Salpêtre pour pouvoir être évaporées avec profit, mais encore pour déterminer avec précifion la quantité de Salpêtre contenue dans les eaux qu'on fe propofe de faire évaporer.

La *figure 2, planche LI*, repréfente la coupe, & la *figure 3* repréfente le plan d'un atelier à falpêtrer, monté fur les principes qu'on vient de détailler ; on y voit les cuveaux T, T, T, T, T, &c. garnis de leurs recettes R, R, R. La difpofition des cuveaux doit être telle qu'il refte entre chacun, un efpace fuffifant pour le paffage des ouvriers, pour le remuement des terres & pour le tranfport de l'eau ; quant aux recettes, elles doivent être affez larges pour qu'une feule puiffe recevoir l'eau qui s'écoule de deux cuveaux. Les détails relatifs à ce travail, feront expofés d'une manière plus étendue dans l'*Explication des figures qui fe trouve à la fin de cet ouvrage.*

E,

SECTION DEUXIÈME.

Du Lessivage des Terres à la manière de l'Inde.

SUIVANT les renseignemens qu'on a eus de l'Inde, le lessivage des terres salpêtrées s'y fait dans de grandes fosses carrées, revêtues de briques bien cimentées & élevées en amphithéâtre les unes au-dessus des autres. On voit le profil de ces fosses *A, B, C, planche III, figure 2 ;* elles doivent avoir trois à quatre pieds de profondeur sur cinq à six sur chaque face ; il est nécessaire d'en avoir trois rangs pour répondre aux trois bandes de cuveaux des Salpêtriers, ce qui fait en tout neuf fosses. On en voit le plan représenté *figure 3.*

La partie inférieure de chaque fosse, doit être percée d'une ouverture ou canal *d e, figure 2,* par lequel l'eau s'écoule & tombe dans la fosse inférieure : on garnit intérieurement cette ouverture avec un tampon de paille serré & assujetti par le moyen de deux tasseaux de bois ; & dans la crainte que la terre ne porte trop directement sur la paille & ne la foule trop, on la recouvre avec une planche percée de trous qui repose sur les deux tasseaux : on peut encore environner l'ouverture du trou d'écoulement, d'un encaissement de briques ou de planches qu'on emplit de sable très-grossier ou de menus gravois.

Les choses ainsi disposées, on commence par mettre dans la fosse, la quantité de cendres qu'on veut employer ; cette quantité, à moins que les cendres ne soient très-fortes, doit être au moins du quart ou du tiers du volume de la terre, encore cette quantité est-elle souvent insuffisante *(a)* : lorsque les fosses ont été chargées de cendres,

____

(a) Voyez ce qui est dit ci-après dans l'article intitulé : *de l'usage de la Potasse dans la fabrication du Salpêtre.*

on les charge de terre, & on les emplit jufqu'à la hauteur
de trois pieds; ces foffes ayant cinq pieds fur chaque face,
il en réfulte qu'elles peuvent contenir foixante-quinze
pieds cubes de terre; on doit avoir grand foin, avant de
verfer l'eau fur la terre dans la foffe fupérieure, de boucher
exactement le tuyau d'écoulement *d e, figure 2 :* on ne
l'ouvre qu'au bout de quelques heures; alors l'eau qui a
lavé la terre de la première foffe, tombe dans la feconde,
puis dans la troifième, & de fuite enfin dans les réfervoirs
R, R, R, R, figures 2 & 3.

La terre contenue dans les cuves, n'eft point épuifée
lorfqu'elle n'a été leffivée qu'une feule fois; on y repaffe
une feconde & une troifième eau, & on obtient, comme
dans la méthode ufitée en Europe, du relavage, des petites
eaux, des eaux fortes & de la cuite; le relavage eft l'eau
qui a paffé fur la terre qui avoit été préalablement leffivée
deux fois; la petite eau eft le même relavage, après qu'il
a été repaffé fur de la terre qui n'avoit été préalablement
leffivée qu'une fois; l'eau forte eft la petite eau repaffée
une première fois fur de la terre neuve : enfin la cuite
n'eft autre chofe que l'eau forte qu'on a renforcie encore
en la repaffant une feconde fois fur de la terre neuve. On
voit par-là que dans tout travail bien réglé, on doit toujours
avoir 1.° une bande de trois foffes remplie de terre déjà
leffivée deux fois & qui travaille en relavage; 2.° une autre
bande chargée de terre déjà leffivée une fois & qui travaille
en petite eau; 3.° une bande chargée de terre neuve, qui
travaille pour de l'eau forte : 4.° enfin, que la bande qui
vient de travailler pour du relavage, doit être déchargée
& rechargée de terre neuve pour convertir les eaux fortes
en cuites.

Les foffes fe chargent à la brouette; on ménage à cet
effet entre chaque bande de foffes, un chemin en pente
douce, de deux à trois pieds de large, par lequel on monte

la terre jufqu'à la cuve fupérieure ; ce chemin eſt défigné *(figure 3)* par la ligne ponctuée *g h i:* la même brouette, lorſqu'elle a été déchargée dans la foſſe fupérieure *A,* continue ſa route ſuivant la ligne *i l m,* & redeſcend par le chemin également pratiqué en pente douce de ce côté ; de cette manière, les Ouvriers ne peuvent point ſe rencontrer, & le chemin n'eſt jamais embarraſſé.

Ces foſſes, comme on l'a déjà indiqué, ne peuvent guère être employées que dans un travail très en grand : leur conſtruction eſt diſpendieuſe ; de plus, ſi l'on n'a pas l'eau à ſa diſpoſition à la hauteur de la foſſe fupérieure, on ne peut ſe diſpenſer de l'y élever par le moyen d'une pompe & de la diſtribuer dans chaque foſſe par des tuyaux garnis de robinets, ce qui forme encore un nouvel objet de dépenſe très-conſidérable & fupérieure à ce qu'une entrepriſe médiocre feroit en état de fupporter.

Quoi qu'il en ſoit, cette manière de faire le lavage des terres exigeant des changemens aſſez conſidérables dans la diſpoſition de l'atelier, on a cru devoir en donner un détail particulier qui ſe trouve repréſenté par les *figures 1 , 2 , 3 & 4 de la planche III.* On renvoie, pour les détails, à l'*Explication des figures qui ſe trouve à la fin de cet ouvrage.*

ARTICLE X.

De l'Évaporation des Eaux ſalpêtrées, & de la criſtalliſation du Salpêtre.

L'EAU diſſout le Salpêtre ſans diſſoudre la terre, & l'on s'eſt ſervi dans l'article précédent, de cette propriété de l'eau, pour ſéparer le Salpêtre d'avec la terre ſalpêtrée ; il reſte maintenant à ſéparer le Salpêtre d'avec l'eau qui le tient en diſſolution : on ſe ſert, pour remplir cet objet, de la propriété qu'a l'eau de ſe réduire en vapeurs, de ſe diffoudre en quelque façon dans l'air par un degré de chaleur très-modéré ; on diffipe en conféquence l'eau par l'ébullition, & le Salpêtre, comme beaucoup plus fixe, refte au fond du vaiffeau dans lequel fe fait l'évaporation.

Cette opération connue dans l'art du Salpêtrier, comme dans tous les Arts, fous le nom d'*évaporation*, fe fait dans une grande chaudière de cuivre *S*, dont le plan eft repréfenté *figure 3*, & la coupe *figure 7 de la planche II*.

Cette chaudière a la figure d'un demi-œuf; cette forme eft néceffaire pour que tous les corps étrangers au Salpêtre, le fel, la bourbe, &c. fe raffemblent dans le fond, & qu'on puiffe les en tirer avec les inftrumens propres à cet objet.

Lorfque la leffive ou cuite a acquis le degré néceffaire pour pouvoir être évaporée avec profit (degré qu'on reconnoît aifément au moyen du pèfe-liqueur, dont on donnera la defcription dans l'article qui va fuivre) ; on en emplit la chaudière, après quoi on allume le bois dans le fourneau & on fait bouillir. Les Salpêtriers de Paris font dans l'ufage, lorfqu'une certaine portion de la liqueur eft évaporée, d'en remettre de nouvelle & de remplir ainfi jufqu'à trois fois : ces rempliffages ont l'inconvénient de refroidir la liqueur contenue dans la chaudière, de fufpendre l'ébullition pendant plufieurs heures, & d'apporter un grand retard dans l'opération. Il vaut beaucoup mieux, au lieu de jeter à la fois une auffi grande quantité de liqueur froide, l'introduire peu-à-peu dans la chaudière; on la dépofe à cet effet dans un tonneau ou cuveau *G, planche II, figures 2, 3 & 7*, percé d'un trou à trois ou quatre pouces au-deffus de fon fond. On ajufte dans ce trou une piffote ou champleure *K, figure 7*, garnie d'une cheville, au moyen de laquelle on ralentit autant que l'on veut l'écoulement de la liqueur, & on parvient ainfi à en fournir continuellement une quantité égale à peu-près à celle qui s'évapore. Par ce moyen, l'ébullition de la cuite n'eſt jamais ralentie, & la liqueur qui ſert à remplir eſt toujours claire. Quand l'évaporation a été continuée un temps ſuffiſant, & que la liqueur approche du point de criſtalliſation, on met dans la chaudière quelques livres de colle de Flandre, qui a été préalablement diſſoute dans de l'eau chaude; la quantité d'eau néceſſaire pour cette diſſolution, doit être de deux pintes environ par chaque livre de colle: il eſt néceſſaire, pour que la colle ſe diſtribue également dans toute la maſſe du fluide & qu'elle ne ſoit pas trop promptement ſaiſie par la chaleur de la cuite, d'interrompre, avant de l'introduire, l'ébullition par une addition d'un ſeau ou d'un demi-ſeau d'eau froide; lorſqu'enſuite la cuite commence à reprendre ſon bouillon, il ſe forme une écume qu'on enlève ſoigneuſement avec des écumoires & qu'on met à part, ſoit pour la relaver, ſoit pour la jeter ſur les terres diſpoſées à ſe ſalpêtrer. Quelquefois la quantité d'écume eſt ſi grande & la liqueur ſe gonfle à un tel point, qu'une partie paſſeroit par-deſſus les bords, ſi on ne rafraîchiſſoit promptement par une nouvelle addition d'eau froide: peut-être, au lieu de cette addition d'eau qui prolonge l'évaporation, pourroit-on ſe contenter de jeter dans la chaudière quelques onces de ſuif, comme on a coutume de faire pour arrêter le gonflement continuel qui arrive à l'urine lorſqu'on l'évapore pour l'opération du phoſphore; ce ſuif n'altère en rien la qualité du Salpêtre, il reſte nageant ſur la cuite; partie s'enlève avec l'écume, & le ſurplus ſe fige à la ſurface des vaiſſeaux où ſe fait le refroidiſſement & la criſtalliſation.

A meſure qu'on continue l'évaporation, il ſe forme à la ſurface de la liqueur, une eſpèce de pellicule peu continue qui ſe précipite au fond de la chaudière; c'eſt ce que les Salpêtriers nomment *le grain:* ce grain n'eſt autre choſe que du ſel marin qui criſtalliſe, faute d'avoir ſuffifamment d'eau pour être tenu en diffolution : un Ouvrier eft prefque continuellement occupé à retirer ce grain avec une écumoire repréfentée *planche II, figure 8*, qui doit avoir à-peu-près la forme du fond de la chaudière, & à le jeter dans un panier *A, figure 7*, pofé fur des barres *x x* de fer qui traverfent la chaudière.

Dans quelques provinces, les Salpêtriers font dans l'ufage de fufpendre au milieu de leur chaudière, à plufieurs pouces au-deffous de la furface de la cuite, un panier à voies ferrées, deftiné à recevoir la boue, les matières étrangères, & même le fel marin qui fe précipite pendant l'évaporation. Le mouvement de l'ébullition partant toujours des bords ou plutôt des parois de la chaudière, il y a moins d'agitation dans le milieu que dans les autres parties de la liqueur ; & c'eft en conféquence dans cette partie, que fe dépofent tous les corps pefans qui ont été entraînés & foulevés par la violence de l'ébullition.

Soit qu'on faffe ufage ou non de ce panier, on continue l'évaporation & on enlève le grain à mefure qu'il fe forme, jufqu'à ce que la liqueur foit parvenue au point qu'il fe criftallife beaucoup de Salpêtre par refroidiffement : on reconnoît ce degré d'évaporation en faifant tomber de temps en temps fur un corps froid, quelques gouttes de la liqueur contenue dans la chaudière ; on juge du degré d'évaporation, par la quantité d'aiguilles criftallifées de Salpêtre qui fe forment à mefure qu'elle fe refroidit.

Lorfque la cuite eft parvenue à cet état, on la retire avec de grandes cuillers de cuivre, dont une eft repréfentée *planche II, figure 9*, & on la porte dans un lieu frais où elle eft mife à criftallifer dans de grands baffins de cuivre *c, c, & D, planche III, figures 7 & 8*; on a coutume de garnir ces baffins de couvercles de bois, pour empêcher l'effet d'un refroidiffement trop prompt. Dans les fabriques où l'on adoptera la manière de leffiver des Indiens, on pourra pratiquer, fous la foſſe la plus élevée *A, planche III, figure 2,* un rafraîchiſſoir *D* voûté où on portera le Salpêtre à criſtallifer.

Dans les pays où la vente du ſel eſt libre & où il a peu de valeur, les Salpêtriers ont un grand intérêt à laiſſer dans le Salpêtre, le plus de grain qu'il eſt poſſible; il n'en eſt pas de même dans les provinces où le Roi exerce le privilége excluſif de la vente du ſel; ils trouvent alors plus d'avantage à le féparer & à le vendre en fraude, non pas, il eſt vrai, au prix du privilége, mais à un prix au moins fort fupérieur à ſa valeur naturelle : ce n'eſt donc plus en ſel qu'ils forcent alors leur ſalpêtre, mais en eau-mère; & c'eſt d'après ces conſidérations, que le Miniſtre ſe propoſe d'accorder des récompenſes honnêtes à ceux qui fourniront le Salpêtre de la meilleure qualité.

Dans quelques provinces, on eſt dans l'uſage, lorſque la cuite eſt parvenue à un degré d'évaporation convenable, avant de la porter à criſtallifer, de l'entrepoſer pendant l'eſpace d'une demi-heure ou d'une heure dans un grand réſervoir de bois, garni d'un robinet placé à quelques pouces au-deſſus de ſon fond. Une portion aſſez conſidérable de grain ou ſel marin qui étoit ſuſpendu dans la liqueur, ſe dépoſe au fond du vaſe pendant cet intervalle; lorſqu'enſuite on tire la cuite par le robinet & qu'on met à criſtallifer, on obtient du Salpêtre plus pur : cette méthode eſt extrêmement avantageuſe, & il feroit très à ſouhaiter qu'on pût la rendre générale ; mais, comme on l'a déjà fait obſerver, l'intérêt des Salpêtriers s'y oppoſe dans pluſieurs provinces, & cet obſtacle l'empêchera probablement de prendre autrement que dans des établiſſemens en grand, & à l'égard des Entrepreneurs honnêtes qui préféreront leur réputation & le ſervice du Roi à un intérêt modique.

Il faut pluſieurs jours de repos dans le rafraîchiſſoir, pour que le Salpêtre criſtallife complétement ; après quoi on tranſvaſe l'eau ſurnageante, & l'on met le Salpêtre à égouter,

ſoit

foit en appuyant le baffin contre une muraille, comme il eft repréfenté *planche III, figure 8*, foit en appliquant l'un contre l'autre deux baffins, qu'on place dans une efpèce de baquet enterré, jufqu'à fon ouverture fupérieure, comme il eft repréfenté *figure 7 de la même planche.*

ARTICLE XI.

*De l'ufage de l'*Aréomètre *ou* Pèfe-liqueur, *pour connoître le degré des Eaux, & de la manière de graduer cet inftrument.*

DEUX objets principaux doivent fixer l'attention du Salpêtrier dans le leffivage des terres; 1.º de charger fes eaux de Salpêtre le plus qu'il eft poffible, afin d'abréger l'évaporation, d'économifer le bois, & d'obtenir plus de Salpêtre d'une quantité donnée de cuite; 2.º de dépouiller complètement la terre de Salpêtre, ou du moins de n'y en laiffer que le moins qu'il eft poffible.

On conçoit, d'après cela, que l'art de leffiver les terres, doit tendre à obtenir d'une part, la cuite la plus forte, & de l'autre le relavage le plus foible qu'il eft poffible; d'où il fuit que fi le premier objet ne fe trouve pas fuffifamment rempli, fi la cuite n'eft pas affez forte, il faut la repaffer fur de nouvelles terres; de même que fi le relavage eft trop chargé, il faut repaffer de nouvelle eau pure fur la terre, & ainfi jufqu'à ce qu'elle foit prefque entièrement épuifée.

On ne fauroit croire jufqu'à quel point eft portée à cet égard l'ignorance de quelques Salpêtriers des provinces; les uns évaporent des eaux qui ne contiennent prefque pas de Salpêtre, tandis que les autres rejettent des terres qui en contiennent encore beaucoup.

Il eft, d'après cela, d'une très-grande importance, de

donner aux Salpêtriers, des moyens simples, faciles & sûrs, pour reconnoître sur le champ le degré des eaux qu'ils obtiennent, & c'est sur quoi le pèse-liqueur peut leur être d'un grand secours.

On voit cet instrument représenté *planche II, figure 10;* il est aujourd'hui trop répandu dans les Arts & trop connu, dans la société, pour qu'il soit nécessaire de s'étendre ni sur la manière de le construire, ni sur les principes de sa construction; il n'y a point d'ailleurs de faiseurs de baromètres & de thermomètres à qui cet instrument ne soit familier, & qui ne soient en état d'en construire: on se bornera ici en conséquence à donner quelques détails sur la manière de le graduer, & à indiquer une méthode exacte & sûre pour diviser en tout temps & en tous lieux, indépendamment de toute différence de poids & de mesure, autant de ces instrumens qu'on voudra, qui s'accordent tous entre eux, & dont la marche soit parfaitement uniforme.

La première idée de la graduation qu'on a cru devoir adopter pour l'usage des fabriques de Salpêtre, vient des salines de Lorraine & de Franche-comté; on s'y sert depuis long-temps d'un pèse-liqueur dont la division est telle, que chacun de ses degrés exprime la quantité pour cent, de sel contenu dans l'eau. Il n'existe rien d'imprimé sur la manière dont a été gradué ce pèse-liqueur; mais voici la méthode qu'on a cru devoir adopter, comme la plus simple & la plus sûre, pour remplir le même objet, à l'égard de celui des Salpêtriers.

La première opération pour graduer le pèse-liqueur, doit être de le lester de mercure ou de cendrée de plomb, dans sa partie inférieure *b b, planche II, figure 10;* de manière que, plongé dans l'eau, la partie supérieure de sa tige ne s'élève que de huit à dix lignes au-dessus de sa surface. Ce point où répond la surface de l'eau, & qui est déterminé dans la *figure 10,* par le mot *eau pure,* doit être exactement marqué avec une foie très-fine, ou mieux encore par un trait à l'encre, tracé tranfverfalement fur une bande de papier roulé, qu'on introduit dans la tige *A C.* Cette bande de papier s'élève ou s'abaiffe jufqu'à ce que le trait d'encre concoure exactement avec la furface de l'eau. On donne le nom de *fauffe divifion* à cette première bande de papier; elle ne fert que pendant le temps de l'opération, après quoi on la retire, & on en fubftitue une autre, fur laquelle toutes les divifions font tracées, ainfi qu'on va l'indiquer bientôt.

Cette première opération faite, c'eft-à-dire le degré de l'eau pure une fois marqué fur tous les pèfe-liqueurs qu'on fe propofe de divifer, on préparera vingt bouteilles, de contenance de quatre pintes environ chacune, & on mettra dans la première, une once de Salpêtre & quatre-vingt-dix-neuf onces d'eau; dans une feconde, deux onces de Salpêtre & quatre-vingt-dix-huit onces d'eau; dans une troifième, trois onces de Salpêtre & quatre-vingt-dix-fept onces d'eau, & ainfi de fuite jufqu'à la vingtième bouteille, qui contiendra vingt onces de Salpêtre & quatre-vingt onces d'eau, c'eft-à-dire vingt pour cent de Salpêtre.

On fait que c'eft une propriété des fels, d'augmenter la pefanteur fpécifique de l'eau dans laquelle on les diffout, & que cette augmentation de pefanteur eft, à peu de chofe près, proportionnelle à la quantité du fel diffout; le pèfe-liqueur s'enfoncera donc un peu moins dans l'eau de la première bouteille que dans l'eau pure, moins dans l'eau de la feconde bouteille que dans celle de la troifième, & ainfi de fuite; de forte qu'en mefurant exactement avec un compas ces divers degrés d'enfoncement, en partant toujours du premier terme, qui eft celui de l'eau pure, & en les rapportant fur une bande de papier deftinée à fervir de divifion, on aura l'échelle que l'on defire, c'eft-à-dire une échelle divifée de telle manière, que chacun de fes degrés exprimera une différence de un pour cent dans la quantité de Salpêtre contenue dans l'eau. Lorsque la petite bande de papier aura été ainsi graduée & numérotée, on la roulera & on l'introduira dans la tige, à la place de la fausse division ; mais une attention qu'il ne faut pas manquer d'avoir, c'est de revérifier le terme de l'eau pure avant de la fixer, parce que cette nouvelle bande de papier se trouvant communément un peu plus ou un peu moins pesante que la première qui y avoit été introduite, il en résulteroit une différence dans le degré d'enfoncement du pèse-liqueur. On rectifie la petite erreur qui en résulteroit, en enfonçant plus ou moins la bande de papier, jusqu'à ce que la surface de l'eau réponde exactement au zéro de l'échelle. Lorsque tout a été ainsi exécuté, le pèse-liqueur est fait : on fixe la division par le moyen d'un petit morceau de cire d'Espagne qu'on introduit entre le papier & l'intérieur du tube, & qu'on fait fondre à la chaleur d'une bougie ; enfin on ferme hermétiquement le haut de la tige, soit avec un chalumeau, soit avec une lampe d'Émailleur.

On a commencé par construire huit pèse-liqueurs très-grands & très-sensibles, sur ces principes, pour servir d'étalons, & ils sont conservés soigneusement à l'arsenal de Paris. Le succès a répondu parfaitement aux soins qu'on avoit pris pour les construire, & ils ne diffèrent pas entre eux d'un huitième de degré ; on s'est ensuite adressé au sieur Mouffy, Constructeur d'instrumens de Physique de l'Académie des Sciences, pour en avoir un plus grand nombre ; mais on lui a imposé la condition de ne laisser sortir de ses mains, aucun de ces instrumens, sans qu'il n'eût été préalablement numéroté & comparé avec les étalons de l'arsenal, de laquelle épreuve il sera délivré un certificat qui accompagnera chaque pèse-liqueur. Par ce moyen, le Public pourra compter sur l'exactitude des pèse-liqueurs qui lui seront délivrés par le sieur Mouffy : *il demeure rue & place Royale.*

Chacun de ces inſtrumens ſera contenu dans une petite boîte de fer-blanc, laquelle ſera renfermée dans une un peu plus grande qui lui ſervira d'étui : lorſqu'on voudra faire une épreuve, on emplira celle-ci juſqu'à un doigt du bord; on y plongera le pèſe-liqueur, & on obſervera le degré. Si, par exemple, la ſurface de l'eau répond à douze, on en conclura que la liqueur contient douze pour cent, tant de Salpêtre que de ſel & d'eau-mère; & ſi l'on fait d'ailleurs, par des expériences préalables, que le déchet de l'atelier où l'on travaille eſt d'un quart ou d'un tiers, on en conclura que la liqueur qu'on vient d'eſſayer, contient huit ou neuf pour cent de Salpêtre.

Les épreuves qu'on a déjà faites à Paris avec cet inſtrument, ont appris que les cuites des Salpêtriers de cette ville, ne ſont bonnes à évaporer, qu'autant qu'elles ſont au moins à douze degrés, c'eſt-à-dire qu'autant qu'elles contiennent douze pour cent de Salpêtre : il n'y auroit aucun inconvénient à les porter à quelques degrés au-deſſus; mais on ne peut en évaporer de plus foibles, ſans faire une conſommation de bois inutile : de même le relavage ne doit jamais avoir plus de trois quarts de degrés, ou un degré tout au plus; autrement on peut être aſſuré qu'il reſte beaucoup de Salpêtre dans les terres, & c'eſt alors le cas d'y repaſſer de nouvelle eau.

On ſuppoſe dans tout ceci, qu'on ſe ſervira d'eau de rivière : ſi au contraire on employoit de l'eau de puits, ou toute autre qui fût un peu plus peſante, & qui, par exemple, marquât un quart ou un demi-degré au pèſe-liqueur, il faudroit alors porter les cuites à douze degrés un quart ou douze degrés & demi; de même le relavage pourroit avoir juſqu'à un degré un quart ou un degré & demi.

ARTICLE XII.

De l'usage de la Potasse pour la fabrication du Salpêtre.

CEUX qui ont lû avec attention le commencement de cette Instruction, sentent déjà sans doute quel est l'usage de la cendre dans la fabrication du Salpêtre, & pourquoi il est impossible de faire du Salpêtre sans cette substance, ou sans une autre analogue qui la remplace. On se rappelle que le Salpêtre proprement dit, est un composé de deux substances unies, & combinées dans une proportion constante & toujours la même; ces deux substances sont l'acide nitreux & l'alkali fixe.

Le Salpêtre qui se forme dans les terres, au moins pour la plus grande partie, contient bien l'un de ces principes; savoir, l'acide nitreux, mais cet acide est le plus souvent uni à une terre calcaire; il forme avec elle un nitre à base terreuse, connu sous le nom *d'eau-mère;* & pour transformer ce dernier sel en vrai Salpêtre, il faut d'une part précipiter la terre calcaire, & de l'autre y substituer un alkali fixe.

Les cendres, en raison de l'alkali fixe qu'elles contiennent presque toutes, soit à nu, soit dans un état de combinaison, sont propres à remplir cet objet; &, comme on l'a déjà dit, les Salpêtriers, en mêlant des cendres avec les terres qu'ils se proposent de lessiver, font, sans s'en douter, une opération de chimie très-compliquée; ils décomposent un sel & en recomposent un autre.

Mais, puisque les cendres n'agissent sur le Salpêtre à base terreuse qu'en raison de la partie alkaline qu'elles contiennent, il s'ensuit que si on extrait des cendres l'alkali fixe par lexiviation & par évaporation, on obtiendra un sel qui, sous un très-petit volume, pourra remplacer un très-gros volume de cendres.

Cet alkali fixe, ce sel extrait des cendres, existe dans

le commerce, & il y eſt connu ſous le nom de *potaſſe*; on le fabrique en abondance en Suède, en Danemarck, dans toutes les forêts du Nord de l'Allemagne, & il eſt aiſé de l'avoir en France à bon marché : on aura donc toujours un moyen ſimple, facile & peu diſpendieux, de remplacer la cendre dans les pays où elle eſt rare & chère; & la fabrication du Salpêtre qui, dans certaines villes, dans certaines provinces, eſt limitée par le défaut de cendres, pourra, en s'en ſervant, faire une progreſſion conſidérable.

Bien plus, on croit pouvoir aſſurer que, même dans les endroits où l'on peut ſe procurer des cendres, la potaſſe ſera encore preſque toujours préférable, & voici les motifs ſur leſquels eſt fondée cette opinion.

Premièrement, la plupart des cendres que les Salpêtriers emploient dans les grandes villes, ſont le rebut des autres Arts, & elles ne contiennent que peu ou point du tout d'alkali fixe : celles dont ſe ſervent les Salpêtriers de Paris ſont dans ce cas; on n'en tire le plus ſouvent par la lexiviation, qu'un peu de ſel de Glauber, du tartre vitriolé, & ſur-tout beaucoup de ſel marin : or, de toutes ces ſubſtances, le tartre vitriolé ſeul, contient l'alkali fixe végétal qui doit ſervir de baſe au Salpêtre; lui ſeul peut donc être de quelqu'utilité pour la converſion de l'eau-mère en ſalpêtre.

Secondement, la cendre occupant un tiers de la capacité des cuveaux dans leſquels ſe fait la leſſive, la quantité de terre ſalpétrée en eſt d'autant moindre, & il en réſulte une diminution proportionnelle dans la quantité de Salpêtre qu'on obtient.

Troiſièmement, la cendre étant un corps poreux, abſorbe une quantité conſidérable d'eau qu'elle retient enſuite avec opiniâtreté; or cette eau qui reſte dans la cendre, tient du Salpêtre en diſſolution : d'où il ſuit qu'il reſte en pure perte dans la cendre, une quantité de Salpêtre proportionnée à la quantité d'eau qu'elle eſt ſuſceptible d'abſorber.

Quatrièmement, la cendre a un prix aſſez conſidérable dans preſque toutes les parties du royaume, & l'on croit pouvoir aſſurer que ce prix eſt communément fort ſupérieur à celui de la potaſſe, proportionnellement à la quantité d'alkali fixe que ces deux ſubſtances contiennent.

Cinquièmement, les cendres ſont imprégnées communément de beaucoup de parties graſſes & extractives, de beaucoup de ſaletés qui ne peuvent que nuire à la qualité du Salpêtre, l'empâter & l'empêcher de bien criſtalliſer.

D'après ces conſidérations, d'après l'expérience de la Suède, & ſur-tout d'après des épreuves dirigées vers cet objet, & qui ont eu le plus grand ſuccès, on ſe croit autoriſé à conſeiller à tous ceux qui s'occupent de la fabrication du Salpêtre, de ne mettre au fond des cuveaux qu'une très-petite portion de cendre, & ſeulement pour ſervir de filtre, & de remplacer le ſurplus par une addition de potaſſe : voici la manière dont on croit devoir conſeiller d'en faire uſage.

Lorſque les cuveaux auront été ſuffiſamment remplis de terre, on mettra par-deſſus, dans le creux qu'on a dû ménager pour contenir l'eau, la quantité de potaſſe qu'on veut employer ; après quoi, on procédera au leſſivage en la manière accoutumée : d'abord l'eau diſſoudra la potaſſe ; après quoi, cette dernière ſe filtrant à travers la terre, rencontrera le nitre à baſe terreuſe, le décompoſera & le transformera en Salpêtre ; au point que ſi la quantité de potaſſe a été bien proportionnée, la leſſive qui coulera ne contiendra plus d'eau-mère.

Ce ne ſont que les terres neuves qu'on doit traiter par la potaſſe, c'eſt-à-dire qu'on ne doit l'employer que pour les cuveaux de la première bande, par la raiſon que ces terres devant être lavées ſucceſſivement

par

par trois différentes eaux, il reſtera moins de potaſſe dans la terre.

Il eſt difficile de rien preſcrire de précis dans une inſtruction générale, ſur la quantité de potaſſe qu'on doit employer pour une quantité donnée de terre ; elle dépend de l'état de ces mêmes terres, de leur richeſſe, de la quantité de nitre à baſe terreuſe qu'elles contiennent, enfin de toutes circonſtances qu'il eſt impoſſible de prévoir : tout ce donc qu'on peut faire ici, eſt de donner des règles ſûres d'après leſquelles chaque particulier pourra déterminer lui même la quantité de potaſſe qu'il doit employer relativement aux circonſtances dans leſquelles il ſe trouve.

On fera diſſoudre à cet effet, d'une part, une partie de potaſſe dans deux parties d'eau ; on filtrera cette liqueur, ou bien on la laiſſera s'éclaircir d'elle même ; après quoi, on la mettra à part dans une bouteille ou dans un flacon : d'une autre part, on aura de l'eau-mère très pure qu'on coupera avec trois ou quatre fois ſon poids d'eau, & on conſervera cette liqueur, comme la première, dans une bouteille ou dans un flacon. Quand on voudra ſavoir ſi l'on a employé trop ou trop peu de potaſſe dans une première épreuve, on recevra dans un verre la leſſive qui coulera du cuveau, & on y verſera quelques gouttes de la diſſolution de potaſſe ci-deſſus ; ſi la leſſive blanchit, on pourra être aſſuré que la précipitation de la terre n'a pas été complette, & que par conſéquent on n'a pas employé ſuffiſamment de potaſſe : ſi au contraire la liqueur ne trouble pas par la diſſolution de potaſſe, on recevra dans un autre verre, une nouvelle portion de la même leſſive, dans laquelle on verſera quelque peu de l'eau-mère coupée avec de l'eau dont on vient de parler ; s'il y a excès de potaſſe, ou ce qui eſt la même choſe, excès d'alkali fixe, la liqueur troublera ; enfin, ſi la leſſive ne trouble dans aucun des

G

deux cas, on fera certain qu'il y a une jufte proportion de potaffe.

En général, il vaut mieux employer moins de potaffe qu'il n'en faut, que d'en employer trop; il eft vrai qu'alors il refte un peu d'eau-mère non décompofée, mais elle fe retrouve dans les eaux lors de la criftallifation; & lorfqu'on en a amaffé une certaine quantité, on peut la traiter féparément, comme on l'expliquera bientôt.

Au lieu d'employer la potaffe comme on vient de l'expofer, c'eft-à-dire en la mettant fur les terres & en verfant par-deffus l'eau qui doit les leffiver, on peut la faire diffoudre préalablement dans une quantité connue d'eau. Par exemple, on peut employer deux livres d'eau contre une de potaffe: alors quand on voudra employer une livre de potaffe, on fera obligé d'employer trois livres de la liqueur ci-deffus.

Le Gouvernement a tellement à cœur d'accréditer l'ufage de la potaffe dans la fabrication du Salpêtre, & il eft fi perfuadé des grands avantages qui en réfulteront, qu'il a autorifé les Régiffeurs des poudres, à faire des gratifications en potaffe, foit aux Salpêtriers, foit aux particuliers qui fe détermineront à former des établiffemens, & ils ont pris les précautions néceffaires pour s'en procurer de la meilleure qualité.

ARTICLE XIII.

D'une matière alkaline très-commune, qui peut fuppléer aux Cendres & à la Potaffe.

C'EST en leffivant la cendre & en faifant évaporer l'eau qui a fervi à la laver, qu'on fabrique la potaffe qui nous vient d'Allemagne & du Nord de l'Europe; il fuit de-là, qu'une leffive de cendre, fur-tout de cendre de bois neuf, tient néceſſairement une portion de potaſſe ou de ſel alkali en diſſolution. Il eſt donc d'une très-grande importance de raſſembler avec ſoin, pour la fabrication du Salpêtre, toutes les eaux de blanchiſſeries ou de buanderies, qui ne ſont autre choſe que des leſſives de cendres.

On ne fait aucun uſage de ces eaux dans les Arts; elles n'ont nulle valeur, & la quantité qui s'en perd tous les jours eſt très-conſidérable. Il eſt trois manières de les rendre utiles pour la fabrication du Salpêtre.

Premièrement, en les employant pour l'arroſage des terres diſpoſées ſous les hangars, & qu'on ſe propoſe de ſalpêtrer; ſecondement, en les employant au lieu d'eau pure pour leſſiver les terres; troiſièmement enfin, en les mêlant avec les eaux-mères pour en précipiter la terre & les convertir en Salpêtre: de ces trois manières, la ſeconde eſt celle dont on croit devoir préférablement conſeiller l'uſage. Si la quantité de ces eaux, qu'on peut ſe procurer, n'eſt pas ſuffiſante pour leſſiver toutes les terres, on les mêlera avec d'autre eau, à laquelle on ajoutera de la potaſſe; & on aura une économie d'autant plus grande ſur la quantité de potaſſe ou de cendre, qu'on aura employé davantage de ces eaux.

·ARTICLE XIV.

Du Traitement des Eaux-mères.

Lorsque l'évaporation a été achevée, & que la cuite a été miſe à criſtalliſer, ſa totalité ne ſe convertit point en Salpêtre par le refroidiſſement; il ſe forme ſeulement au fond & ſur les parois intérieures du baſſin, une couche de trois à quatre pouces de ce ſel, & le ſurplus reſte en liqueur: communément on tranſvaſe tout ce qui ſurnage à la criſtalliſation; on remet par-deſſus une nouvelle quantité de liqueur prête à criſtalliſer, & ainſi ſucceſſivement juſqu'à ce qu'en appliquant couche ſur couche, on ſoit parvenu à former de gros pains de Salpêtre.

On raſſemble les eaux de la cuite qui ont ainſi donné du Salpêtre par une première criſtalliſation, & elles portent le nom d'*eaux de rebouillage;* communément on les fait évaporer de nouveau, & on en tire du Salpêtre un peu moins bon, il eſt vrai, que le premier; mais cependant d'une qualité paſſable, quand on n'a pas trop forcé l'évaporation: enfin la liqueur qui reſte après cette ſeconde criſtalliſation, porte le nom *d'eau - mère.* Cette dernière contient encore, 1.° du Salpêtre à baſe d'alkali fixe, en proportion de ce qui reſte d'eau pour le tenir en diſſolution; 2.° du ſel marin; 3.° du nitre à baſe terreuſe; 4.° du ſel marin à baſe terreuſe.

Dans le plus grand nombre des ateliers de Salpêtriers, on eſt dans l'uſage, ou de jeter ces eaux - mères ſur les cuveaux de la première bande, c'eſt-à-dire ſur ceux qui ſont chargés de terre neuve, ou de les verſer en tout ou en partie dans la chaudière, pour être confondues avec la cuite ſuivante, ou enfin de les jeter ſur les amas de terre ou de platras deſtinés à être leſſivés.

On parvient bien par ces trois méthodes, à ſéparer des eaux-mères, la plus grande partie du Salpêtre à baſe d'alkali fixe qu'elles contiennent; mais l'eau - mère proprement dite, le nitre & le ſel marin à baſe terreuſe, n'étant point décompoſés, ils ſe perpétuent de cuites en cuites, & circulent perpétuellement de la chaudière dans les terres & des terres dans la chaudière: loin donc que la quantité d'eau - mère contenue dans un atelier, diminue par ces méthodes, elle s'accroît à chaque cuite, & le Salpêtre qui s'y fabrique ſe détériore de jour en jour.

L'induſtrie peu éclairée de quelques Salpêtriers, leur a fait imaginer différens moyens qu'ils ont cru propres à diminuer la quantité des eaux-mères; ils ſe ſont perſuadés que cette liqueur ne refufoit de criftallifer que parce que le Salpêtre qu'elle contenoit étoit enveloppé de parties graffes, & qu'il fuffifoit de le dégraiffer pour l'obtenir fous la forme criftalline qui lui eft propre. Cette erreur que des Écrits d'ailleurs très-favans peuvent avoir accréditée, s'eft exceffivement répandue parmi les Salpêtriers, & toutes leurs idées fe font portées à former des dégraiffoirs, des efpèces de filtres dans lefquels ils fe perfuadoient que le Salpêtre dépofoit fa graiffe & même fa terre.

Quelques - uns ont été jufqu'à former des dégraiffoirs avec de la mouffe ou du fable, fubftances qui ne contiennent point d'alkali fixe : ils font bien parvenus par cette méthode, à féparer quelques portions de Salpêtre, qui, comme on l'a déjà dit, fe trouve naturellement dans l'eau-mère ; mais ils n'ont point converti un feul atome de nitre à bafe terreufe en Salpêtre, & par conféquent le but principal de leur opération a été manqué.

D'autres plus raifonnables & plus inftruits, ont garni de cendres leurs dégraiffoirs ; & voici comme on procède encore à cet égard dans quelques provinces de France.

On a près de la chaudière où fe fait l'évaporation, un grand tonneau ou efpèce de cuve percé par en bas, qu'on garnit de cendres jufqu'à moitié ou jufqu'aux deux tiers de fa capacité : lorfque la cuite commence à bouillir on en verfe une portion dans cette cuve ou tonneau, on l'y filtre & on remet dans la chaudière la liqueur à mefure qu'elle s'écoule ; on répète ces filtrations pendant la plus grande partie du temps que la cuite eft en évaporation.

Il eft certain qu'on convertit en Salpêtre, par cette méthode, une quantité de nitre à bafe terreufe, proportionnée à la quantité d'alkali fixe contenue dans la cendre qu'on emploie ; mais comme en même-temps cette dernière fubftance ne contient qu'une très-petite quantité d'alkali fixe, il faudroit premièrement pour décompofer toute l'eau-mère, employer un volume de cendres énorme & dix fois plus grand qu'on ne l'a employé jufqu'ici: il faudroit en fecond lieu pour le lavage de ces cendres, employer une quantité très-confidérable d'eau; enfin, malgré cette grande quantité d'eau, il refteroit encore dans la cendre beaucoup de Salpêtre, & peut-être plus qu'il n'en réfulteroit de la décompofition de l'eau-mère; de forte que cette méthode portée même au point de perfection dont elle eft fufceptible, préfente une dépenfe en cendre très - confidérable, une perte de Salpêtre affez grande, enfin, une confommation de bois très-forte pour parvenir à réduire les eaux, tous inconvéniens qui doivent concourir à la faire rejeter.

D'après ces réflexions, le premier & le meilleur confeil qu'on ait à donner à ceux qui s'occupent de la fabrication du Salpêtre, eft de chercher à décompofer, autant qu'il fera poffible dès l'origine, le nitre à bafe terreufe & à le convertir en Salpêtre, en ajoutant aux terres à mefure qu'elles feront leffivées, une quantité fuffifante de potaffe, ou fi les circonftances le permettent, une grande quantité d'eau de leffive & de buanderies; alors comme les eaux furnageantes à la criftallifation du Salpêtre, ne feront plus à proprement parler des eaux-mères, qu'elles ne contiendront plus de fels à bafe terreufe, mais feulement du vrai Salpêtre & du fel marin; il n'y aura plus aucun inconvénient de reverfer les eaux de cuites en cuites pour en continuer l'évaporation & en retirer le Salpêtre.

Si cependant d'après des confidérations particulières qu'on ne peut prévoir, on ne juge pas à propos d'employer dès l'origine, une quantité fuffifante de potaffe; alors il faudra à chaque cuite, mettre à part les eaux qui refuferont de criftallifer, & lorfqu'on en aura raffemblé une quantité fuffifante pour en faire une cuite, les faire rebouillir dans la chaudière, pour en obtenir le plus de Salpêtre criftallifable qu'il fera poffible; enfin, lorfque ces eaux feront réduites à la condition d'eaux-mères pures, qu'elles ne contiendront plus que des fels à bafe terreufe non-fufceptibles de criftallifer, on les raffemblera dans de grandes cuves ou tonneaux, pour les traiter de la manière fuivante.

On pèfera d'abord les eaux-mères pour en connoître la quantité ; après quoi, on les étendra dans cinq fois leur volume d'eau environ : on préparera en même temps une quantité de potaffe de fix onces par livre d'eau-mère ; on la fera diffoudre dans le double de fon poids d'eau , & on mêlera peu-à-peu, & en remuant avec un bâton, cette diffo-lution avec l'eau-mère. Dès le premier inftant du mélange, la liqueur fe troublera, elle deviendra blanche , & elle s'épaiffira de plus en plus, jufqu'à ce que toute la quantité de potaffe néceffaire pour la précipitation ait été verfée ; alors, fi on laiffe repofer la liqueur, il fe raffemblera au fond du vaiffeau, une quantité de terre crétacée très-confidé-rable, qu'on connoît dans le commerce fous le nom de *magnéfie*.

Comme cette terre eft très-fine & très-légère, il faut du temps pour que la liqueur s'éclairciffe entièrement. Il eft néceffaire, pour qu'on puiffe la tirer commodément à clair, que le cuveau ou tonneau dans lequel fe fait l'opé-ration, foit percé à différentes hauteurs, de trous bouchés avec des champleures ; on ouvre celle des ouvertures qui répond un peu au-deffus de la furface du précipité terreux, & il ne coule que de la liqueur claire. Il eft toujours aifé de reconnoître, par une épreuve fimple, fi l'on a employé trop ou trop peu de potaffe ; on peut voir à cet égard les détails dans lefquels on eft entré *page 49* de cette Inftruction.

Si, au lieu de pefer l'eau-mère, on trouvoit plus com-mode de la mefurer, alors il fuffit de favoir qu'une pinte d'eau-mère, mefure de Paris, ou quarante-huit pouces cubes, pèfent environ trois livres ; & qu'au lieu de fix

onces de potaffe par livre, il en faut dix-huit par pinte
d'eau-mère.

Tout le nitre à bafe terreufe, fi la quantité de potaffe a
été bien proportionnée, fe convertit dans cette opération en
Salpêtre à bafe d'alkali fixe; & il ne s'agit plus pour obtenir
ce dernier fous fa forme criftalline, que de faire évaporer
la liqueur tirée à clair. Il eft bon de répéter ici que dans
toutes les converfions d'eaux-mères en Salpêtre, il eft à
propos d'employer un peu moins de potaffe qu'il ne faut;
le feul inconvénient qui puiffe en réfulter, c'eft qu'il refte
encore après l'évaporation un peu d'eau-mère non décompofée; mais cette eau-mère n'eft pas perdue, on la met
à part pour l'opération fubféquente, & cet inconvénient eft
beaucoup moindre que ceux qui réfulteroient d'un excès
de potaffe ou d'alkali.

Au lieu de faire à froid, comme on vient de l'expliquer,
la précipitation de l'eau-mère, il vaut infiniment mieux,
quand les circonftances le permettent, la faire à chaud:
alors il fuffit d'étendre l'eau-mère de quatre parties d'eau
au lieu de cinq, & la précipitation de la terre fe fait très-
bien en vingt-quatre heures: on conçoit qu'il en réfulte
une économie de temps & de bois très-confidérable lors de
l'évaporation: on peut fe fervir de la chaudière même pour
cette opération; mais comme elle ne fauroit être percée
de broches & de champleures à différentes hauteurs comme
un tonneau, on y fupplée par le moyen d'un fiphon
t n y z, planche III, figure 6. femblable à celui dont fe
fervent les Marchands de vin, mais beaucoup plus grand;
on l'emplit d'abord d'eau par un entonnoir *E* placé dans
le haut & dont la douille eft garnie d'un robinet *f.* Ce
fiphon eft fufpendu au plancher de l'atelier par des
cordes *c c:* il eft fufceptible de s'élever ou de s'abaiffer
à volonté, & on le fixe de manière que fa branche la
plus courte *u t,* foit à quelques lignes au-deffus de la
furface

furface du précipité terréux ; alors en tournant le robinet *g*, on parvient à tirer à clair la liqueur furnageante au précipité, & il ne refte que la terre au fond de la chaudière : on conçoit que cette difpofition exige qu'on ait un lieu plus bas que le fond de la chaudière pour pouvoir placer un feau, un baquet ou un vafe quelconque *R* fous le robinet *g*, placé à l'extrémité de la branche la plus longue du fiphon. On a fuppofé ici que le feau ou baquet feroit placé fur l'efcalier qui defcend de la chaudière au fourneau, comme on a été obligé de le faire à la raffinerie de Paris, où l'on traite actuellement les eaux-mères à chaud dans les chau-dières, comme on vient de l'indiquer. On voit, *figure 4 de la même planche*, la projection *n y* de ce même fiphon fur le plan, ainfi que celle de l'entonnoir *E* du robinet *g* & du baquet *R*.

Si au lieu de fe fervir du fiphon pour tranfvafer la liqueur, on veut la retirer de la chaudière par le fecours de l'inftrument appelé *puifoir*, lequel eft repréfenté *planche II*, *figure 9*, il faut y procéder avec beaucoup de précaution, dans la crainte de troubler la liqueur. Après quoi, on jettera dans la chaudière, une fuffifante quantité d'eau ordinaire pour laver le dépôt terreux ; cette eau, d'après le degré de faturation qu'elle aura acquife, pourra être employée utile-ment dans l'atelier.

Un des Commiffaires des Poudres & Salpêtres, a indiqué dans un Mémoire manufcrit qui n'eft point connu du public, une autre manière de tirer parti des eaux-mères, qui n'eft point fans avantage.

L'Auteur propofe de leffiver les terres falpêtrées, fans addition, ni de cendres ni de potaffe ; de raffembler les eaux qui en découlent dans de grandes cuves percées, à différentes hauteurs, de trous garnies de champleures ; de décompofer les fels à bafe terreufe contenus dans ces eaux par une addition de potaffe ; enfin, de les traiter de la même manière qu'on vient de le prescrire pour les eaux-mères, à l'exception qu'elles n'ont pas besoin comme elles, d'être étendues d'eau. Cette méthode est bonne sans doute, & bien préférable au travail actuel ; mais on pense qu'il est plus avantageux encore, de se débarrasser des sels à base terreuse, dès le lessivage même des terres. Le résultat est le même, quant à la transformation du nitre à base terreuse en Salpêtre, & il y a une opération de moins à faire. Il faut convenir cependant qu'en faisant passer la potasse à travers les terres, comme on l'a prescrit à l'article du lessivage, il doit nécessairement rester quelques portions de cette substance dans les terres, & cette perte doit entrer en ligne de compte dans l'appréciation des avantages des deux méthodes : mais on doit observer que cette perte est infiniment peu considérable, & on doute que cette considération puisse balancer les avantages de la première méthode ; on croit donc devoir persister à conseiller l'emploi de la potasse, dès le lessivage des terres.

ARTICLE XV.

Du Traitement des Terres après qu'elles ont été lessivées, & des Fosses à putréfaction.

SI les terres n'ont point été lessivées trop tôt, si on a attendu, pour en extraire le Salpêtre, que la putréfaction fût à son terme, & que les matières animales & végétales qui y étoient contenues fussent entièrement décomposées, elles ne contiendront plus, lorsqu'elles auront été lessivées, assez de matières putrescibles, pour que de nouveau Salpêtre puisse s'y former promptement & en abondance : c'est alors qu'il est nécessaire d'introduire de nouveau dans ces terres, des matières animales & végétales, & de les introduire sur-tout dans un état de putréfaction déjà avancé.

On a imaginé, pour remplir cet objet, des efpèces de réfervoirs à putréfaction, des efpèces de foſſes où l'on amaſſe indiſtinctement & fans choix, toutes fortes de matières animales & végétales fufceptibles de fe putréfier. On jette dans ces foſſes tous les animaux morts, de quelque efpèce qu'ils foient, grands & petits *, terreſtres ou aquatiques, leurs fang, os, poils, plumes, cornes & peaux; leurs excré-mens & leur urine, la fiente de pigeons & de volailles, le crotin de chèvre & de brebis, les rognures de cuir, d'étoffes de laine, les raclures de Tanneurs & de Mégiſſiers, les excrémens des hommes & leur urine.

On y jette également toutes fortes de matières végétales, des plantes de toutes efpèces, fauvages & domeſtiques, & par préférence celles qui font connues pour contenir du Salpêtre, telles que la pariétaire, la bourache, les bugloſes, le grand foleil, &c. On y entaſſe les plantes qui croiſſent au bord de la mer & dans la mer même; les fruits, les feuilles, les fumiers, le chaume, le tan, le marc de raiſin, le vin, la lie, le tartre, la fuie, les balayures des greniers de foin & de paille; celles des maiſons, des celliers & des rues, les diverſes faumures, les eaux de Teinturiers, celles des buanderies, les eaux épaiſſes de lavures de vaiſſelles, &c.

Les matières ainſi miſes en putréfaction, ne doivent être que médiocrement humectées, dans la crainte que trop de fraîcheur ne retarde le mouvement de la fermen-tation : par la même raiſon, ces foſſes doivent être couvertes d'un toit, afin que les matières qu'elles contiennent, foient défendues des injures de l'air, qu'elles ne foient point deſſéchées par l'ardeur du Soleil, ni détrempées par l'eau des pluies : on recharge ces foſſes à meſure que les matières

---

* Lorſqu'on voudra mettre dans ces foſſes, des animaux d'un volume un peu conſidérable, il faudra les dépecer pour qu'ils s'arrangent mieux par lits.

s'affaiffent ; il eft néceffaire d'en établir deux, afin qu'on puiffe vider l'une tandis que l'autre fe reforme.

C'eft dans ces foffes qu'on trouvera une maffe de matières toujours fermentantes, prêtes à être mélangées avec les terres leffivées : ce mélange devra être fait le plus exactement qu'il fera poffible ; après quoi, on difpofera de nouveau ces terres, comme il eft repréfenté *planche 1, figure 3,* en rétabliffant la couche à mefure qu'elle aura été détruite pour être leffivée.

On a vu plus haut, & c'eft une chofe généralement reconnue, que la putréfaction n'a lieu qu'à raifon du concours de l'air. Les foffes, de la manière dont on les conftruit communément, n'ont de contact avec l'air que par leur partie fupérieure, & il arrive de-là que la putréfaction des parties inférieures eft retardée.

L'expérience & les méditations qu'on a été à portée de faire fur cet objet, ont fait fentir combien il feroit intéreffant de conftruire des foffes dans lefquelles on pût entretenir une circulation conftante d'air, autour & à travers des matières mifes en fermentation. Cet objet n'eft pas impoffible à remplir, & voici à cet égard quelques idées qu'on croit devoir propofer à ceux qui voudront fe livrer à des établiffemens en grand. Ils feront libres d'en adopter ou d'en rejeter ce qu'ils jugeront à propos, & on les exhorte fur-tout, avant de rien entreprendre en ce genre, à s'affurer exactement, & par des calculs fûrs, de l'objet de la dépenfe.

On choifira d'abord, pour établir la foffe, un côteau en pente rapide *C D E F, planche IV, figure 1 :* on y creufera une foffe *L M N O, même planche, figure 2 ,* de vingt-quatre pieds de profondeur fur vingt-quatre pieds de diamètre, qu'on revêtira de maçonnerie. Si les circonftances permettoient de creufer cette foffe dans le roc, on épargneroit les frais du revêtiffement.

Cette foſſe ſera recouverte d'un hangar avec ſon toit *IIII, figures 1 & 2.*

Pour arriver commodément à la partie inférieure de la foſſe, on conſtruira, dans le bas du côteau, un canal ſouterrein, dont la porte eſt repréſentée en *A, figure 1;* on voit l'extrémité intérieure de ce ſouterrein également en *A, figure 2.*

Le plan de cette même foſſe eſt repréſenté *figure 3;* on y voit le plan du hangar, les poteaux *C, C, C, C, C,* qui ſoutiennent le comble, le mur en terre qui lui ſert de clôture, la maçonnerie *b b b b b* qui ſoutient les terres.

Le point important étant que les matières reçoivent de toutes parts le contact de l'air, on établira intérieurement, à un pied de diſtance du revêtiſſement de maçonnerie *b b b b, figure 3,* un rang de poteaux *a, a, a, a,* leſquels ſeront aſſujettis par des traverſes de bois *d, d, d, d:* on garnira l'intervalle des poteaux avec des claies ſolidement arrêtées; enfin on fermera l'ouverture inférieure *P* de la foſſe, celle qui communique avec le canal ſouterrein, avec des branchages d'arbres, ſoutenues ſur des poutrelles *m m, m m,* comme on le voit repréſenté *figure 4.*

Il ne faudra pas manquer de creuſer en dehors, autour du hangar, un foſſé *R R R R, figures 2 & 3,* deſtinée à recevoir les eaux de pluie & à leur procurer de l'écoulement.

Lorſque tout aura été ainſi préparé, on recouvrira les branches d'arbres qui forment le faux fond repréſenté *figure 4,* d'un peu de fumier; on établira enſuite par-deſſus, les matières animales & végétales qu'on voudra mettre à putréfier par lit, d'un pied d'épaiſſeur environ: on ſéparera chaque lit, par le moyen d'une petite couche de fumier ſec; & on pourra encore, ſi on le juge à propos, ſaupoudrer les matières avec un peu de chaux en poudre. Lorſque la foſſe ſera remplie, on recouvrira toute la maſſe avec quelques pouces de fumier ſec.

Il fera très-utile pour faire encore mieux pénétrer l'air jufqu'au milieu des matières en fermentation, de placer de diftance en diftance, des tuyaux creux de bois *e e., e e*, *figure 2*, percés de trous dans toute leur longueur; ces tuyaux communiqueront d'une part avec l'air extérieur, par la partie fupérieure de la foffe, & de l'autre avec le canal fouterrein : on pourra encore y ajufter dans la longueur, des portions latérales *ff, ff*, qui communiqueront avec la partie vide qui a été ménagée entre la maçonnerie & les claies.

On voit que par cette conftruction on peut donner aux matières telle quantité d'air qu'on juge à propos: craint-on que le courant d'air ne foit trop confidérable & ne deffèche trop les matières! on ferme la porte *A, figure 1,* ou même fi l'on veut on recouvre avec des branches d'arbres & de fumier, l'intervalle compris entre la maçonnerie & les claies: craint-on que le froid de l'hiver ou les fraîcheurs de l'automne ne fufpendent le progrès de la putréfaction! on peut placer dans le canal fouterrein *A, figure 2,* un feu doux de charbon, même de bois, & la putréfaction fe trouvera accélérée à la fois, & par la chaleur & par une circulation d'air plus rapide.

Lorfque les matières contenues dans la foffe, auront fuffifamment fermenté, & qu'elles auront été en grande partie décompofées par le progrès de la putréfaction, on dégagera les branches d'arbres qui les tenoient fufpendues fur le faux fond *P, figures 3 & 4;* on les tirera par en bas, c'eft-à-dire par le canal fouterrein *A, figures 1 & 2,* & on les portera à la Nitrière, pour être mélangées avec les terres leffivées, & entrer dans la compofition de la nouvelle couche.

On pourra de plus répandre une portion de ces matières fur la couche même, & en introduire par l'ouverture des claies *m, m, m, m, planche I, figure 3;* les arrofages qui viendront par-deffus entraîneront avec eux les parties ſalines & extractives contenues dans ces matières, & les répartiront dans toute la maſſe.

Lorſque la foſſe aura été vidée, on la remplira de nouveau, pour opérer de la même manière lorſque les matières auront été putréfiées.

Cette conſtruction de foſſes à putréfaction, exige comme l'on voit, un local particulièrement diſpoſé & qu'on n'eſt pas maître de ſe procurer par - tout; elle ſeroit d'ailleurs néceſſairement fort diſpendieuſe, ainſi qu'on l'a déjà indiqué plus haut: peut-être ſeroit-il poſſible de remplir le même objet d'une manière plus économique & plus ſimple ; & voici ce qu'on croit devoir propoſer à cet égard. On conſtruira deux baſſins ronds, de quatre pieds de profondeur & de douze pieds de diamètre, revêtus en bonne maçon-nerie, & corroyés tout autour & ſous le fond: on les couvrira avec un toit circulaire, ſoit en chaume, ſoit en planches pour les garantir de la pluie : on jettera dans ces baſſins, des fumiers, des fientes d'animaux, des cha-rognes, &c. on y ajoutera de l'urine, ou, à ſon défaut, de l'eau pour les remplir; enfin on jettera dans chacun un demi-tombereau de chaux, & on remuera le tout avec des ringards ou rateaux de bois: dès les premiers inſtans la chaux agira ſur le fumier & ſur les matières végétales & animales, il ſe dégagera une quantité très-conſidérable d'alkali volatil, & en vingt-quatre heures le tout ſera atténué & diviſé au point de ne former qu'une eſpèce de boue très-propre à entrer dans le mélange des terres. S'il reſtoit de l'eau ſurnageante, elle ſeroit excellente à employer en arroſages.

La reconſtruction de la couche ne différant en rien de ſon premier établiſſement, on n'entrera pas ici dans de plus grands détails, & on renverra à ce qui a été dit à l'article de l'emplacement des terres ſous les hangars: on obſervera ſeulement que ſi les terres ſe trouvoient trop humides en ſortant des cuveaux, il ne faudroit pas

les employer dans cet état ; il feroit néceffaire de les
remuer, de les étendre & de les faire fécher en partie,
avant que de les faire entrer dans la compofition de la
nouvelle couche : on accélère la deffication en mêlant
avec la terre, un peu de menue paille.

ARTICLE XVI.

Du produit des Nitrières & du Bénéfice qu'on peut raifonnablement s'en promettre.

RIEN ne varie davantage que la quantité de Salpêtre
qu'on retire des terres naturellement falpêtrées : dans
quelques provinces, elles ne rendent pas plus de deux
onces de Salpêtre par quintal ; en Touraine, elles en
rendent communément treize & quatorze ; dans quelques
endroits, cette quantité va jufqu'à feize & dix-huit ; enfin,
il y a des exemples de terre amendée fous des hangars,
qui ont rendu jufqu'à deux & trois livres par quintal.
On ne s'arrêtera pas à ces derniers exemples qui tiennent
fans doute à des circonftances locales & particulières ;
mais on ne croit pas porter les évaluations au-deffus de
l'effectif, en fuppofant que la terre des hangars, conduite
& foignée comme on l'a prefcrit dans cette inftruction,
rendra feize onces par quintal, ou ce qui revient à peu-
près au même, douze onces par pied cube.

On a vu, *article VI,* qu'un hangar de cent pieds de
long fur trente de large, pouvoit contenir jufqu'à douze
& même jufqu'à quinze mille pieds cubes de terre ; chaque
hangar pourra donc rapporter tous les deux ans, en
prenant la plus baffe de ces deux évaluations, neuf milliers
de Salpêtre, c'eft-à-dire, quatre mille cinq cents livres par
année, l'une portant l'autre ; lefquelles évaluées à raifon
de dix fous la livre, prix accordé par le Gouvernement,

pour

pour le Salpêtre des nouveaux établiſſemens, formeront un objet annuel de deux mille deux cents cinquante livres en argent. Tel eſt le produit qu'on peut attendre des ſoins, de l'attention & d'un travail ſuivi avec toute l'exactitude poſſible : cependant, comme la conduite des hangars, ſur-tout dans des entrepriſes en grand, ſera néceſſairement abandonnée à des mains mercénaires, à des Ouvriers qu'on ne peut ſuppoſer tous du même degré d'intelligence; on diminuera encore dans les calculs ſuivans, de près de moitié ce produit, & on ſuppoſera que chaque hangar de cent pieds de long ſur trente de large, ne donnera chaque année, qu'un produit de douze cents livres en argent.

Si d'après cela on ſuppoſe une Nitrière compoſée de dix hangars, on pourra établir les calculs ſuivans.

DÉPENSE PREMIÈRE.

Conſtruction de dix hangars à deux mille livres chacun.	20000^l
Prix du tranſport & du charriage des terres dans chaque hangar, à ſix cents livres pour chacun; ce qui fait pour les dix..........................	6000.
Conſtruction d'un atelier d'évaporation, y compris la chaudière, les baſſins & autres uſtenſiles........	5000.
Prix du terrein enclos de murs....................	1500.
Conſtruction d'un puits......................	400.
TOTAL de la Dépenſe première..............	32900.

DÉPENSE ANNUELLE.

Appointemens d'un premier Ouvrier.............	500^l
Appointemens de cinq autres Ouvriers à 300 liv. chacun.	1500.
Achat de cendre & de potaſſe..................	2000.
Achat d'urine & de fumier....................	1200.
Quatre-vingts cordes de bois à quinze livres........	1200.
Réparations annuelles......................	600.
TOTAL.........................	7000.

On a vu que chaque hangar pouvoit rapporter en argent, chaque année, douze cents livres ; ce qui donne, pour les dix un produit annuel de douze mille livres.

RÉCAPITULATION.

La Recette montera donc à...................... 12000ᴸ

La Dépenſe à................................ 7000.

PARTANT, BÉNÉFICE.................. 5000.

C'eſt-à-dire un peu plus de quinze pour cent de l'avance primitive. On a eu ſoin dans les calculs précédens, de forcer toutes les dépenſes, & de diminuer les produits ; ainſi on peut eſpérer plus de bénéfice, mais on ne peut en avoir moins : on ſe trouve donc invinciblement conduit à conclure que l'établiſſement d'une Nitrière fait en grand & avec l'intelligence convenable, eſt une entrepriſe très-avantageuſe ; mais on ne doit pas ſe diſſimuler en même-temps, qu'il en eſt de ce genre d'établiſſement comme de preſque tous les autres ; leur ſuccès dépend de l'économie qu'on emploie dans les conſtructions & dans les dépenſes premières : on doit exclure des Nitrières, tout ce qui peut avoir l'apparence de luxe ou d'ornement, ne faire que l'indiſpenſable, & le faire de la manière la plus ſimple & la plus économique.

On ne croit pas devoir conſeiller non plus, d'établir la première année, plus de quinze ou vingt hangars : il faut toujours, avant de mettre de gros fonds dans une entrepriſe, être aſſuré du produit ; & le plus ſage eſt de ne faire les augmentations que ſur les bénéfices.

ARTICLE XVII.

De la manière d'essayer les Terres & de connoître la quantité de Salpêtre qu'elles contiennent.

QUELQUE procédé qu'on emploie pour la formation du Salpêtre, il n'y a pas lieu de préfumer qu'en moins de deux ans les terres puiffent être affez falpêtrées pour mériter qu'on les leffive ; on feroit plutôt tenté de croire qu'il y auroit de l'avantage à différer plus long-temps, & à attendre pour leffiver, la révolution des trois années complètes : ce délai, il eft vrai, renchériroit le Salpêtre ; mais il y a toute apparence qu'on en feroit amplement dédommagé par l'augmentation du produit. Au refte, de tous les Auteurs qui ont écrit fur cet objet, il n'en eft aucun qui fe foit expliqué d'une manière bien formelle fur l'époque à laquelle il convient de commencer à leffiver les terres ; fans doute, la différence des terres, des mélanges, des climats, des faifons, apportent une grande variété dans les réfultats ; & le peu de temps depuis lequel on commence à s'occuper de cet objet en France, n'a pas permis de faire des expériences affez fuivies pour affigner avec précifion l'effet de ces différentes caufes.

On conçoit, d'après cela, que le feul parti qui refte à prendre à ceux qui fe propofent de produire du Salpêtre par les méthodes expofées dans cette Inftruction, eft de s'affurer de temps en temps, par des effais, de l'état des terres qu'ils ont préparées ; & c'eft pour les mettre en état de remplir facilement & fûrement cet objet, qu'on va donner les détails qui fuivent.

Le premier appareil, & prefque le feul dont on ait befoin pour ces fortes d'épreuves, eft un filtre commode, & voici la manière de le préparer : on prendra quatre morceaux de bois équarris, de la groffeur au moins de ceux qu'on emploie pour faire les treillages & les paliffades des efpaliers; on les affemblera de manière à former un chaffis carré de quinze à dix-huit pouces fur chaque face. On attachera fur ce chaffis, un morceau carré de toile claire ou efpèce de canevas, qu'on y fixera, par le moyen de fix ou huit clous d'épingles qui traverferont toute l'épaiffeur du bois, & qui fortiront de quelques lignes au-delà pour former des efpèces de crochets; enfin on étendra fur cette toile une grande feuille de papier gris ou papier à filtrer.

Le filtre ainfi préparé, on le placera fur un baquet ou fur un autre vafe quelconque deftiné à recevoir la liqueur à mefure qu'elle s'écoulera.

Cette première opération faite, on prendra dix livres de la terre qu'on veut effayer; on la mettra dans un chaudron de cuivre ou de fer, de la contenance de huit à dix pintes; on verfera de l'eau par-deffus, & on fera chauffer jufqu'à ce que l'eau ait donné quelques bouillons : alors on verfera la liqueur encore trouble fur le filtre qu'on vient de décrire. Si l'on veut arriver à un réfultat très-exact, il fera néceffaire de repaffer de nouvelle eau fur la même terre, de faire chauffer comme la première fois, & de filtrer de la même manière.

Un point effentiel avant de faire évaporer cette eau pour en obtenir le Salpêtre, eft de précipiter, par l'alkali fixe, la terre calcaire qui fert le plus communément de bafe à l'acide nitreux : pour cet effet, on peut fe fervir de potaffe, de fel de tartre, de cendre gravelée, de leffive de cendres, & généralement de tel alkali fixe végétal qu'on jugera à propos, & qu'on pourra fe procurer à bon marché : il eft bon de faire obferver que l'alkali fixe doit être préalablement diffout dans l'eau, & fur-tout qu'il ne doit être verfé que peu-à-peu & en petite quantité à la fois dans la leffive, dans la crainte d'outre-paffer le point de faturation.

Dès les premières gouttes de liqueur alkaline qui tombent dans la leſſive, elle ſe trouble, & il ſe forme un précipité blanc ou rouſſâtre qu'il faut laiſſer repoſer : on continuera enſuite d'ajouter de nouvel alkali, & ainſi ſucceſſivement juſqu'à ce que la liqueur ne trouble plus par une nouvelle addition ; alors on peut être aſſuré que la ſaturation eſt complette : il ne s'agit plus en conſéquence que de laiſſer raffermir le dépôt en tenant la liqueur tranquille, & de la tranſvaſer dans une chaudière ou chaudron, pour la faire évaporer. Si l'on s'apercevoit que le dépôt demeurât trop long-temps errant dans la liqueur, & qu'il ne ſe raſſemblât pas aſſez promptement au fond, il faudroit filtrer de nouveau.

Il eſt bon de commencer ces épreuves au bout de dix-huit mois, de les renouveler de trois mois en trois mois, & même de les répéter ſur des portions de terre priſes en différens endroits de la couche ; mais on peut ſe diſpenſer de faire évaporer à chaque fois la leſſive ; & le pèſe-liqueur, dont on a donné la deſcription, *article XI* de cette Inſtruction, ſuffit pour donner une idée aſſez préciſe de l'état des terres & du progrès qu'elles ont fait.

Pour faire uſage de cet inſtrument, on commencera par peſer exactement la quantité de leſſive qu'on aura obtenue ; après quoi on y plongera le pèſe-liqueur, & on obſervera le degré. Pour rendre ceci plus ſenſible, on ſuppoſera qu'on ait eſſayé dix livres de terre, & que, par l'opération ci-deſſus, on en ait obtenu vingt-cinq livres de leſſive à deux degrés du pèſe-liqueur.

Il eſt clair, d'après ce qui a été expoſé ci-deſſus, *art. XI,* qu'une leſſive qui donne deux degrés au pèſe-liqueur, contient deux livres de matières ſalines par quintal ; mais comme dans l'expérience qui fait l'objet de la ſuppoſition actuelle, on n'a obtenu que vingt-cinq livres de leſſive, c'eſt-à-dire le quart d'un quintal, il s'enſuit que la leſſive contient au total le quart de deux livres, autrement dit, huit onces de matières falines ; ainfi dix livres de la terre mife en expérience, contiennent huit onces de matière faline, ce qui revient à cinq livres par cent. Il eft très-rare de trouver des terres auffi chargées.

Quant à la proportion du fel marin ou de toute autre matière faline qui pourroit fe trouver dans la terre, on ne peut en bien juger que par une évaporation actuelle ou par une évaluation fondée fur des évaporations précédentes. Si, par exemple, dans l'épreuve faite trois mois auparavant, on a reconnu que la terre des couches contenoit deux cinquièmes de fel marin & trois cinquièmes de Salpêtre, on conclura de l'épreuve ci-deffus faite avec le pèfe-liqueur, qu'elle contient trois livres de Salpêtre & deux livres de fel.

EXPLICATION DES FIGURES.

PLANCHE I.

FIGURE 1.

Hangar de cent pieds de long fur trente de large, vu par-dehors en perfpective,

A. Porte d'entrée à deux battans ; elle doit être fuffifamment grande pour l'entrée des voitures, & un peu plus haute qu'elle n'eft repréfentée dans la figure.

1 1 1 1. Toit de chaume ou de paille.

H, H, H, &c. Claies à claire-voie, qui fervent à clôre le hangar, & qui font intérieurement revêtues de paillaffons.

On peut fubftituer à ces claies un mur en torchis fait de terre & de paille ; mais alors il faut ménager des ouvertures garnies de volets ou au moins de claies difpofées de manière à pouvoir s'ouvrir & fe fermer à volonté.

FIGURE 2.

Plan géométral du même hangar.

A, A. Porte d'entrée.

H, H, H, H. Claies à claire-voie, qui fervent de clôture au hangar.

i, i, i, i. Cuves contenant les liqueurs deftinées pour les arrofages.

B C D E. Parallélogramme qui forme la bafe de l'amas de terre deftiné à fe falpêtrer.

f g F G. Partie fupérieure du même amas, projeté fur le plan.

f B, g C, F D, G E. Poteaux de bois placés aux quatre coins de la couche ou de l'amas de terre, pour en foutenir les angles : ils font plantés obliquement, & fuivent l'inclinaifon du talus de la couche.

Voyez la coupe longitudinale de cette même couche *D E F G,* *figure 3,* & fa coupe tranfverfale *G g E c, figure 7.*

F I G U R E 3.

Coupe de la Nitrière par un plan qui pafferoit par le milieu du hangar.

A, A. Porte d'entrée.

I I I I. Toît du hangar vu par-dedans.

H, H, H, H. Claies vues par-dedans.

D E F G. Maffe de terre, ou couche deftinée à la production du falpêtre.

m, m, m, m, m, &c. Claies triangulaires qui traverfent la maffe de terre dans fa largeur, & qui font deftinées à diftribuer l'air dans toutes fes parties.

Une de ces claies *m m,* eft repréfentée féparément *figure 4,* & fa coupe *l m n, figure 5.*

i, i. Cuves contenant les liqueurs deftinées pour les arrofages.

F I G U R E 6.

Hangar vu par un des bouts.

Les mêmes lettres s'appliquent aux mêmes objets que ci-deffus.

F I G U R E 7.

Coupe du hangar fuivant fa largeur.

G g, E C. Couche de terre deftinée à fe falpêtrer.

F I G U R E   8.

Inftrument deftiné à introduire la liqueur néceffaire pour les
arrofages fous les claies *m*, *m* de la *figure 3.*

t r. Tuyau de bois ouvert en *t* & fermé en *r.*
S. Entonnoir par où on verfe la liqueur.
t, Ouverture par laquelle elle s'écoule.

F I G U R E   9.

Autre inftrument deftiné à porter les arrofages dans l'intérieur
de la maffe de terre, par les ouvertures des claies *m, m, m,*
figure 3.

Cet inftrument eft compofé 1.° d'un entonnoir *S,* de figure cylin-
drique, afin qu'on puiffe mieux connoître les quantités de liqueur
qu'on y introduit : 2.° d'un robinet *R,* qui, fuivant qu'il eft ouvert
ou fermé, permet ou ne permet pas à la liqueur de s'écouler par
les tuyaux *t n x y.* 3.° de trois parties de tuyaux, *t n, n x, x y.*
fufceptibles de rentrer les unes fur les autres, comme les tuyaux
de lunettes.

b, b. Boutons dont on fe fert pour tirer les tuyaux, & les faire
rentrer fur eux-mêmes.

F I G U R E   10.

Même inftrument dont les trois tuyaux font rentrés les uns
fur les autres.

b. Les deux boutons rapprochés.

F I G U R E   11.

Coupe des tuyaux pour exprimer la manière dont ils s'ajuftent,
& comment ils fe fixent à un point de repos lorfqu'ils font
entièrement étendus.

F I G U R E   12.

Portions des mêmes tuyaux vus féparément.

PLANCHE II.

73

PLANCHE II.

Lessivage des Terres, suivant la méthode usitée en Europe.

FIGURE 1.

Atelier pour le lessivage des terres salpêtrées & pour l'évaporation
des eaux, vu par-dehors.

FIGURE 2.

Même atelier, vu par-dedans.

T, T, T, T, &c. Cuveaux ou tonneaux défoncés par un bout,
qu'on emplit de cendre & de terre.

b b. Bancs ou traiteaux sur lesquels sont supportés les cuveaux.

R, R, R, &c. Recettes ou baquets dans lesquels tombe l'eau
salpêtrée, à mesure qu'elle s'écoule par les trous *C* des cuveaux : ces
recettes sont disposées de manière à recevoir l'eau qui s'écoule de deux
cuveaux.

G, Tonneau défoncé ou cuveau dont on voit mieux le développe-
ment, *figure 7;* il est percé à trois ou quatre doigts au-dessus de son
fond, d'un trou *K,* garni d'une champleure : ce trou s'ouvre ou
se ferme autant qu'on veut, & l'ouvrier se trouve par-là maître de
retarder ou d'accélérer l'écoulement de l'eau contenue dans le
tonneau.

FIGURE 3.

Plan de l'intérieur de l'atelier.

T, T, T, T, &c. Cuveau.

R, R, R, &c. Recettes.

S, S. Chaudières pour l'évaporation.

G, G. Cuveaux destinés à fournir de l'eau à la chaudière, à mesure
qu'elle s'évapore.

A, A. Marches ou degrés par lesquels on monte à la chaudière
pour y porter la cuite.

B B, B B. Escalier par lequel on descend au fourneau placé sous
la chaudière, & qui sert à échauffer la liqueur qu'elle contient.

K

F I G U R E 4.

Cuveaux garnis de leur recette, vus féparément en perfpective
& fur une plus grande échelle.

Les mêmes lettres que ci-deſſus, indiquent les mêmes objets.

F I G U R E 5.

Coupe d'un des Cuveaux & d'une Recette.

F I G U R E 6.

Plan des Cuveaux & leur recette.

F I G U R E 7.

Coupe du Fourneau & de la Chaudière.

A. Ouverture par laquelle on introduit le bois ou le charbon.

B B. Foyer ou intérieur du fourneau.

D. Cheminée pour le dégagement de la fumée.

S S. Chaudière de cuivre foutenue fur des barres de fer *B B.*

A. Panier deſtiné à recevoir le fel qu'on tire de la cuite, à meſure qu'il fe forme : ce panier eſt foutenu fur deux barres *x x.*

Le plan de cette chaudière fe trouve repréſenté *planche III, figure 4.*

G. Cuveau ou tonneau deſtiné à fournir de la cuite, à meſure qu'elle s'évapore.

K. Champleure qui fe ferme avec une cheville de bois, & au moyen de laquelle on fournit autant & fi peu de liqueur qu'on veut.

b b. Supports ou traiteaux qui foutiennent le cuveau *G.*

F I G U R E 8.

Écumoir de cuivre avec fon manche de bois, dont fe fervent
les Ouvriers pour écumer la cuite.

F I G U R E 9.

Grande cuiller de cuivre, appelée *puiſoir*, dont les Ouvriers
fe fervent pour tirer la cuite de la chaudière quand l'évaporation eſt finie, & pour mettre à criſtalliſer.

FIGURE 10.

Aréomètre ou Pèfe-liqueur de verre, deftiné à indiquer le degré de force des eaux.

Cet inftrument eft formé, 1.° d'une tige de verre *A C*, fcellée hermétiquement dans fa partie fupérieure *A*, & garnie intérieurement d'une divifion en papier ; 2.° d'une boule de verre foufflée *D* ; 3.° d'une feconde boule de verre *b b*, foudée à la première ; mais qui ne communique point avec elle : cette dernière contient une quantité de mercure *b b*, fuffifante pour lefter l'inftrument.

PLANCHE III.

Leffivage des Terres à la manière de l'Inde.

FIGURE 1.

Atelier de leffivage & de fabrication, vu par-dehors.

FIGURE 2.

Le même vu par-dedans.

A, *B*, *C*. Foffes deftinées à recevoir les terres.

d e, *d e*, *d e*. Canal par où l'eau s'écoule de la foffe *A* dans la foffe *B*, de la foffe *B* dans la foffe *C*, & de la foffe *C* dans la cuve ovale *R*.

G. Cuveau deftiné à fournir de l'eau à la chaudière, à mefure qu'elle s'évapore. Voyez *planche II*, *figure 7*.

b b. Traiteaux pour foutenir le cuveau.

c, Tuyau ou champleure par où coule la liqueur.

FIGURE 3.

Plan du même Atelier.

A, *B*, *C*. Foffes deftinées à recevoir la terre pour être leffivée.

R, *R*, *R*, *R*, *R*, *R*. Cuves ou réfervoirs dans lefquels fe raffemble l'eau qui découle des foffes.

g h i l m. Chemin en pente douce pour le paffage des brouettes, dans lefquelles les ouvriers portent la terre dans les foffes *A*, *B*, *C*.

S, *S*. Chaudières.

K ij

G , G. Cuveau ou réfervoir qui fournit de nouvelle cuite à la chaudière , à mefure qu'elle s'évapore.

F I G U R E 4.

Plan de la Chaudière & de fes acceffoires.

S. Chaudière.

A. Panier à voies ferrées , deftiné à recevoir le grain ou le fel marin , qui fe dépofe au fond de la chaudière pendant l'évaporation.

x x , x x. Barres qui traverfent les chaudières , & fur lefquelles eft pofé le panier.

G. Cuveau ou réfervoir deftiné à fournir de la cuite à la chaudière , à mefure qu'elle s'évapore.

u E y g. Siphon deftiné à vider la liqueur contenue dans la chaudière après la précipitation des eaux mères.

R. Cuveau de décharge pour recevoir la liqueur qui coule du fiphon.

F I G U R E 6.

Coupe fur la ligne *XY de la figure 4,* dans laquelle on a repréfenté le devant de la chaudière démoli ou arraché pour laiffer voir le fiphon *t u y Z.*

B. Fourneau.

S. Chaudière.

t u y Z. Siphon deftiné à faire paffer la liqueur de la chaudière *S* dans le baquet *R.*

c , c. Cordons par le moyen defquels eft fufpendu le fiphon.

E. Entonnoir par lequel on emplit le fiphon.

f. Clef ou robinet qui fe ferme lorfque le fiphon eft rempli.

g. Robinet qu'on ouvre lorfque le fiphon a été rempli par l'entonnoir *E ,* & que le robinet *f* a été fermé.

R. Baquet qui fe place au pied de l'efcalier qui defcend de l'atelier au fourneau, & qui reçoit la liqueur qui coule du fiphon.

F I G U R E 5.

Cuve ou tonneau dans lequel on prépare la liqueur deftinée pour les arrofages.

A A. Cuve ou tonneau.

C. Robinet ou champleure pour vider la cuve, elle fe bouche avec un bondon de bois.

b b. Traiteaux fur lequel repofe le tonneau *A A.*

D D. Baquet dans lequel eft reçue la liqueur qui coule du tonneau *A A* par la champleure *C.*

n, n. Oreilles de bois, percées chacune d'un trou quarré, deftinées à recevoir la traverfe de bois *T T;* cette traverfe eft coupée dans fa longueur par des coches ou entailles quarrées, lefquelles reçoivent des traverfes *t t, t t, t t,* croifées en angle droit fur la première.

F I G U R E S *7 & 8.*

B B. Petits baquets enterrés jufqu'à leur bord fupérieur, lefquels font deftinés à recevoir les égoutures des baffins.

C, C. Baffins de cuivre dans lefquels on met le falpêtre à criftallifer : ces deux baffins font arcboutés l'un contre l'autre, & mis en égout fur le baquet *B,* & ils font maintenus dans cette pofition par le moyen de deux coins de bois *u, u.*

D. Baffin en égout, le long du mur : on pratique communément une rigole pour conduire l'eau-mère qui s'écoule dans un baquet *B.*

P L A N C H E I V.

F I G U R E *1.*

Foffe à putréfaction vue par-dehors.

C D E F. Côteau efcarpé fur lequel elle eft placée.

A. Porte d'entrée qui répond au niveau du fond de la foffe.

L, L, L, &c. Poteaux de charpente qui foutiennent le toit de paille *I I I I.*

H, H, H. Claies à claire-voie qui ferment les côtés du hangar élevé au-deffus de la foffe.

B. Porte d'entrée du hangar.

F I G U R E *2.*

Intérieur de la Foffe & du Hangar.

L M N O. Foffe circulaire de vingt-quatre pieds de profondeur & de vingt-quatre pieds de diamètre, creufée dans le roc ou revêtue de maçonnerie.

A. Canal fouterrein qui conduit du pied du côteau au fond de la foffe.

e e, e e. Tuyaux de bois percés de trous dans toute leur longueur, & deſtinés à diſtribuer de l'air dans toute la maſſe de matière miſe en putréfaction.

f f, f f. Tuyaux collatéraux, également de bois, & percés de trous pour le même uſage : ces tuyaux communiquent d'une part aux tuyaux verticaux *e e*, & de l'autre à l'eſpace circulaire vide *L N, M O*, ménagé tout autour de la foſſe, entre le maſſif de maçonnerie & les matières en putréfaction.

a a, a a, a a. Poteaux placés à l'entour de la foſſe à dix-huit pouces de diſtance du revêtiſſement de maçonnerie *b b b b*; ils ſont deſtinés à ſoutenir les matières miſes à putréfier, & à laiſſer un eſpace vide entre elles & les parois de la foſſe.

B. Porte d'entrée du hangar.

I I I I. Toit de paille qui couvre le hangar.

R, R. Foſſé pratiqué dans tout le tour de la foſſe, deſtiné à raſſembler l'eau qui s'égoute du toit, & à l'éloigner de la foſſe.

FIGURE 3.

Plan géométral de la Foſſe à putréfaction.

R, R, R, R. Ruiſſeau pratiqué à l'entour de la foſſe pour l'écoulement des eaux.

G, G, G, G. Ponts de planches pour traverſer le ruiſſeau *R R R.*

C, C, C, C, C. Poteaux qui ſoutiennent la charpente & le toit du hangar.

b b b b b b. Revêtiſſement circulaire en maçonnerie, qui ſoutient les parois de la foſſe.

a, a, a, a, a. Poteaux maintenus par des traverſes de bois *d, d, d, d, d,* & dont l'intervalle eſt garni de claies très-fortes & ſolidement arrêtées.

a d, a d, a d, a d. Intervalle de dix-huit pouces qui règne dans tout le tour de la foſſe entre la maçonnerie *b b b b*, & les matières miſes à putréfier, & qui ſert à la circulation de l'air ; c'eſt à cet intervalle que viennent aboutir les tuyaux *f f, f f,* deſtinés à introduire de l'air dans les matières ſoumiſes à la putréfaction.

f f, f f. Tuyaux de bois percés de trous, qui communiquent d'une part à l'intervalle *a d, a d,* & de l'autre avec les tuyaux montans *e e, e e,* de la *figure 2,* & qui diſtribuent latéralement de l'air dans les matières putreſcibles.

P. Ouverture circulaire qui ſe trouve au fond de la foſſe à putréfaction ; le fond de cette ouverture eſt repréſenté ſéparément *figure 4.*

79

F I G U R E 4.

Fond de la Foſſe à putréfaction repréſenté féparément.

m m, m m, m m. Traverſes de bois deſtinées à ſoutenir le poids
des matières contenues dans la foſſe.

Ces traverſes de bois ſont couvertes de menus branchages, dont l'objet
eſt de maintenir les matières, & d'empêcher qu'elles ne tombent dans
l'intervalle des traverſes *m m, m m.*

On voit auſſi dans cette même *figure* l'extrémité des tuyaux *e e, e e,*
de la *figure 2,* deſtinés à diſtribuer de l'air dans l'intérieur de la maſſe.

F I G U R E 5.

Couches pyramidales à la manière de Suède.

D E F. Coupe d'une couche de terre pyramidale à la manière de Suède.

l m n. Claie triangulaire qui ſe prolonge dans toute la longueur de
la couche, pour porter de l'air dans l'intérieur des terres.

E G. Pot d'une terre cuite poreuſe, & en partie perméable par l'eau,
qu'on enterre dans le haut de la couche, juſqu'à un pouce de ſon bord.

C'eſt dans ces pots qu'on met la liqueur deſtinée pour les arroſages ;
elle ſe filtre inſenſiblement à travers les pores du vaſe; elle ſe diſtribue
dans toute la maſſe, & y entretient l'humidité néceſſaire pour la formation du ſalpêtre. On remplit ces pots à meſure qu'ils ſe vident, autant
toutefois que la couche a beſoin d'humectation.

A B C. Couverture ou toit, qui préſerve la couche des injures de
l'air ; elle eſt compoſée, 1.° de deux perches *A B, B C,* arcboutées
l'une contre l'autre, & ſerrées par des harts : ces deux perches ſont
ſoutenues par une troiſième *L,* qui ſe prolonge horizontalement dans
toute la longueur de la couverture ou toit. 2.° D'une traverſe *H I,*
liée aux perches *A B & B C* en *H* & en *I.*

Ces perches *A B & B C,* ſont enfoncées par leur extrémité *A & C,*
de ſix à huit pouces dans la terre. On place de pareils aſſemblages
de perches à quinze, dix-huit pouces ou deux pieds de diſtance les
uns des autres, & on prolonge ainſi la couverture juſqu'à telle longueur qu'on le juge à propos. On peut donner à ces couches juſqu'à
cinq ou ſix cents pieds, ſuivant que le terrein le permet.

L'intervalle des perches qui forment en quelque façon une ferme,
en termes de charpentier, eſt remplie par de petites gaulettes ou menues
branches d'arbres, & on couvre le tout avec des bruyères, des feuillages,
& en général avec tout ce qu'on trouve ſous ſa main de propre à former
un toit, & à empêcher l'introduction de l'eau des pluies.

EXTRAIT DES REGISTRES

DE

L'ACADÉMIE ROYALE DES SCIENCES.

Du 14 Décembre 1776.

LE ROI ayant renvoyé à l'Académie des Sciences, l'examen d'un Manuscrit intitulé : *Instruction sur l'établissement des Nitrières & sur la fabrication du Salpêtre, rédigée par ordre du Gouvernement ;* elle nous a nommé (M.rs Macquer, le Chevalier d'Arcy, Cadet, Lavoisier & Sage) pour lui en faire le rapport.

Pour mieux remplir les intentions de l'Académie & la mettre plus en état de répondre à la confiance dont le Roi l'honore, nous croyons qu'il est nécessaire de remettre sous ses yeux dans ce moment, l'objet que Sa Majesté a eu en vue en ordonnant la rédaction de cet Ouvrage : cet objet se trouve exposé dans la lettre adressée par M. le Contrôleur général à M. de Condorcet, Secrétaire de l'Académie ; elle est conçue en ces termes :

De Paris, ce 28 Novembre 1776.

« SA MAJESTÉ, Monsieur, n'a pu voir qu'avec beaucoup de
» satisfaction, le zèle avec lequel l'Académie s'est empressée de répondre
» à ses vues, relativement aux recherches sur la fabrication du Salpêtre,
» & les soins qu'elle s'est donnés pour rassembler tout ce qui a été
» écrit jusqu'à ce jour sur cet important objet; mais comme en même
» temps le Recueil qu'elle vient de publier, contient un grand nombre
» de Mémoires, dont les détails ne peuvent être saisis que par des
» Savans, & qui ne sont point à la portée de ceux auxquels est confiée
» dans ce moment la fabrication du Salpêtre, Sa Majesté a desiré qu'il
» fût fait de cet Ouvrage un extrait assez détaillé pour présenter
» tout ce qu'il contient d'utile, & assez simple pour pouvoir être
» entendu

entendu par le plus grand nombre des lecteurs. Sa Majesté, en «
même temps, sur le compte qui lui a été rendu de l'état actuel «
de l'art de fabriquer le Salpêtre dans son royaume, a jugé qu'il «
étoit nécessaire de joindre à cet extrait, quelques notions élémen- «
taires sur la manière de travailler les terres salpêtrées. En effet, Elle «
est informée qu'il règne dans cet art, des vices essentiels qui tiennent «
au peu de connoissance des Salpêtriers; que la plupart perdent une «
portion considérable de leurs *eaux-mères,* faute d'en savoir tirer parti; «
qu'ils manquent de cendres dans plusieurs provinces, & qu'ils ignorent «
les moyens d'y suppléer; qu'enfin il résulte de ce défaut de connois- «
sances, qu'on ne fait pas dans le royaume, avec la quantité de terre «
qu'on travaille, tout le Salpêtre qu'on pourroit faire par des opé- «
rations mieux ordonnées & mieux suivies. En conséquence, Sa «
Majesté a jugé qu'on ne pouvoit venir trop tôt au secours de «
ceux qui s'occupent de la fabrication du Salpêtre, & c'est dans «
cette vue qu'Elle a ordonné de rédiger l'Instruction ci-jointe: destinée «
à être distribuée dans les provinces, Sa Majesté espère qu'elle y «
répandra les premiers principes d'un art qui paroît fort éloigné du «
degré de perfection dont il est susceptible, & qu'elle préparera ceux «
qui s'occupent de la fabrication du Salpêtre, à recevoir & à mettre «
en pratique les instructions que l'Académie se propose de publier, «
d'après les expériences de ses Commissaires, & d'après celles qui «
feront rapportées dans les Mémoires qui auront concouru. Cepen- «
dant, avant d'ordonner la publication de cette Instruction, & pour «
être assurée que ses vues ont été complètement remplies, Sa Majesté «
a desiré qu'elle fût examinée par les Commissaires nommés pour le «
jugement du Prix du Salpêtre, & qu'elle fût soumise au jugement «
de l'Académie. Je vous prie en conséquence, Monsieur, de faire «
lecture de cette Lettre à la prochaine séance, & de m'envoyer copie «
du rapport des Commissaires, aussitôt qu'il sera fait, ainsi que du «
jugement que l'Académie aura porté de cet Ouvrage; il sera néces- «
saire que vous vouliez bien y joindre le certificat d'usage, pour en «
autoriser l'impression. *Signé* TABOUREAU. »

L

Après avoir expofé l'objet de l'Inftruction, d'après la Lettre du Miniftre, il nous refte à rendre compte de la manière dont cet objet a été rempli.

L'Ouvrage que Sa Majefté a foumis au jugement de l'Académie, eft divifé en dix-fept articles. On y traite d'abord d'une manière élémentaire & très-fuccincte, de la nature du Nitre ou Salpêtre, des principes qui le compofent, des différentes unions que l'acide nitreux contracte le plus communément, & de la manière de les ramener à l'état de véritable Salpêtre, par l'addition d'un alkali fixe.

Les articles fuivans, traitent fucceffivement de la manière dont fe produit le Salpêtre dans la Nature, des moyens que l'art peut employer, foit pour l'imiter, foit pour la feconder ; on y entre dans des détails fuffifamment étendus fur le choix des terres, fur les mélanges les plus propres, d'après les connoiffances acquifes jufqu'à ce jour, pour y accélérer & y augmenter la production du Salpêtre : on y fait voir que pour produire abondamment & promptement ce fel, il faut hâter, par tous les moyens poffibles, dans les terres préparées pour cet objet, les progrès de la putréfaction, & y entretenir par conféquent un courant d'air libre & facile. Ces principes conduifent à différens détails fur l'arrangement des terres, fur la manière d'y faire pénétrer l'air & l'humidité, & de les entretenir continuellement au degré d'humectation convenable pour favorifer la fermentation putride.

Après avoir traité de la formation du Salpêtre, l'Inftruction paffe à la manière de l'extraire des terres dans lefquelles il s'eft formé, à la lixiviation, à l'évaporation des eaux & à la criftallifation du Salpêtre. On y confeille, avec grande raifon, l'ufage de l'arèomètre ou pèfe-liqueur, pour évaluer le degré de force des leffives, & on donne un moyen de graduer cet inftrument, de manière que chacun de fes degrés indique un pour cent de Salpêtre dans la leffive dans laquelle on le plonge.

Ces articles font fuivis de détails très-utiles fur la manière de fuppléer, par la potaffe & par les eaux de buanderies, à l'ufage des cendres dans la fabrication du Salpêtre; d'un article particulier fur le traitement des eaux-mères: enfin cet Ouvrage eſt terminé par des calculs fur le produit des Nitrières qui nous paroiſſent établis fur des baſes très-vraiſemblables.

Tout indique que cette Inſtruction a été rédigée par des perſonnes inſtruites & qui connoiſſent à fond les détails de l'art de fabriquer le Salpêtre; elle nous paroît très-propre à en répandre les vrais principes dans les provinces, à fervir de guide à ceux qui fe livrent à ce genre de travail, & à les mettre au courant des connoiſſances acquiſes juſqu'à ce jour: nous croyons en conſéquence qu'elle remplit l'objet du Gouvernement, & que rien ne s'oppoſe à ce qu'elle foit publiée avec l'approbation de l'Académie. FAIT au Louvre le quatorze décembre mil fept cent foixante - feize. *Signé* MACQUER, D'ARCY, LAVOISIER, CADET & SAGE.

Je certifie le préſent Extrait conforme à l'original & au jugement de l'Académie, ce quinze décembre mil fept cent foixante-feize. Signé *LE MARQUIS DE CONDORCET.*

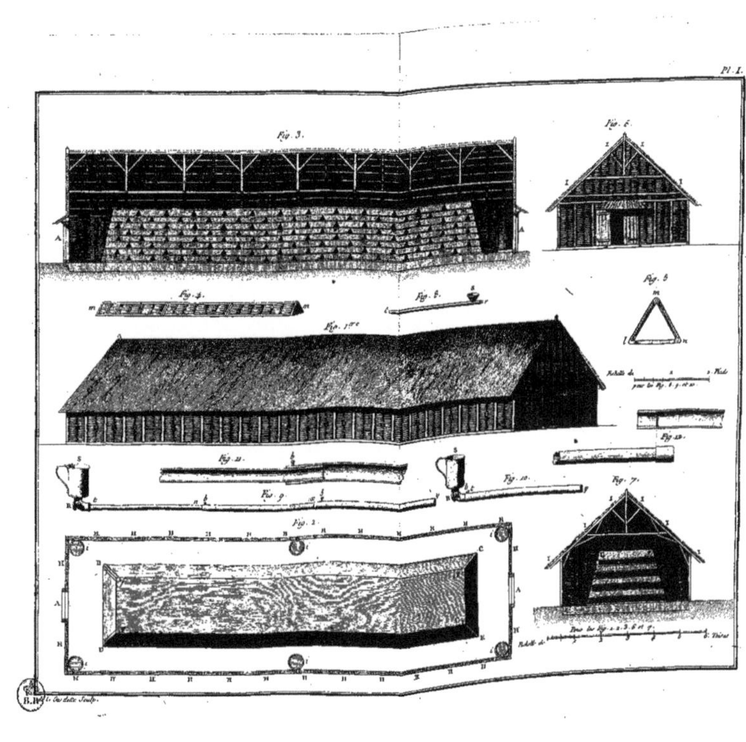

Fig. 3.
Fig. 6.
Fig. 4.
Fig. 8.
Fig. 5.
Fig. 1re.
Fig. 12.
Fig. 11.
Fig. 10.
Fig. 9.
Fig. 7.
Fig. 2.
B. Del. le Gardette Sculp.

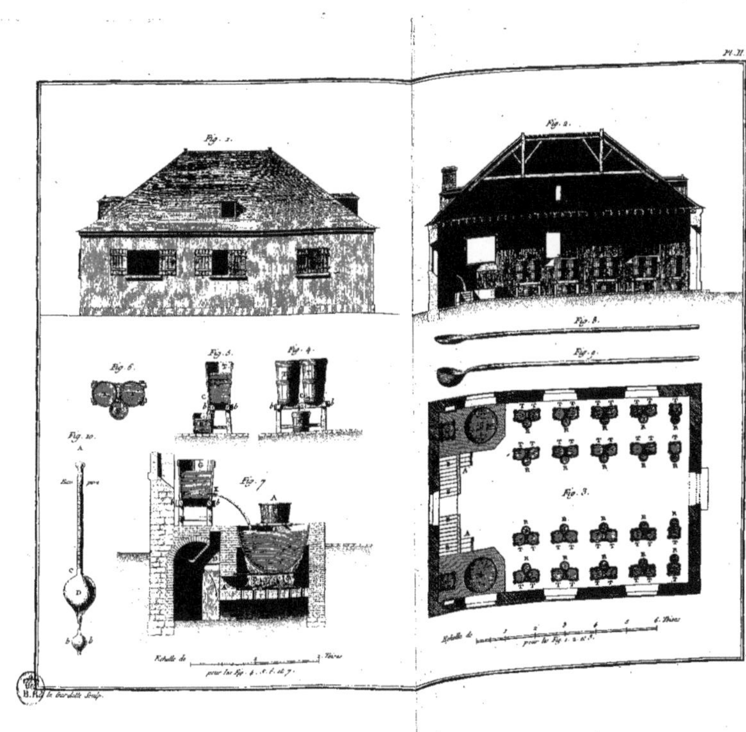

Fig. 1.
Fig. 2.
Fig. 3.
Fig. 5.
Fig. 4.
Fig. 9.
Fig. 7.
Fig. 6.
Echelle de
Echelle de
pour les Fig. 4. 5. et 6.
pour les Fig. 1. 2. et 3.

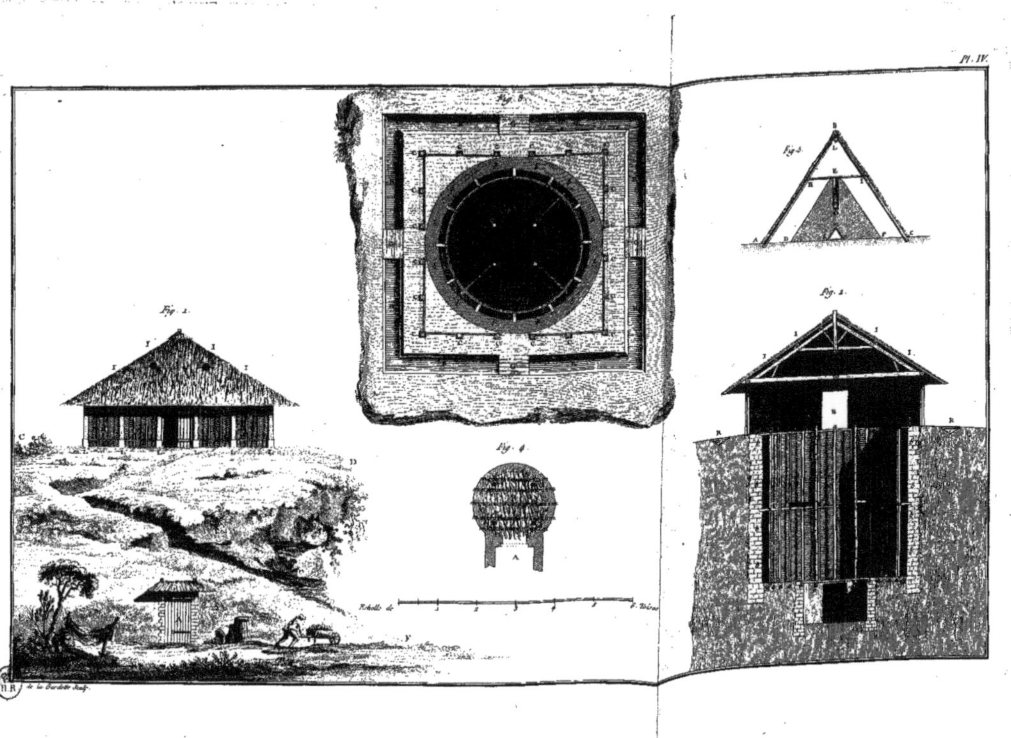
Fig. 1.
Fig. 2.
Fig. 3.
Fig. 4.
Fig. 5.